VOYAGE

AU

SOUDAN ÉGYPTIEN

PAR

Le Prince Pierre D'ARENBERG

PARIS

A. LAHURE, IMPRIMEUR-ÉDITEUR

9, RUE DE FLEURUS, 9

1904

VOYAGE

AU

SOUDAN ÉGYPTIEN

VOYAGE

AU

SOUDAN ÉGYPTIEN

PAR

Le Prince Pierre D'ARENBERG

PARIS
A. LAHURE, IMPRIMEUR-ÉDITEUR
9, RUE DE FLEURUS, 9

1904

INTRODUCTION

En publiant ce journal, je n'ai pas eu l'intention d'ajouter aux travaux des voyageurs qui ont exploré l'Afrique centrale une étude sur la région du Soudan égyptien qu'arrose le Nil bleu. Pour examiner en détail la faune et la flore de cette contrée, pour passer en revue les races diverses qui l'habitent, il faudrait, en effet, plusieurs volumes.

D'autres sont plus qualifiés que moi pour entreprendre une œuvre d'aussi longue haleine. Chaque soir, pendant mon voyage, j'ai noté mes impressions de la journée : ce sont ces notes, vérifiées quotidiennement par Albert Le Marois, que je me suis contenté de reproduire fidèlement ici.

Si elles n'offrent que peu d'intérêt, elles ont du moins le mérite de l'exactitude et pourront peut-être, par les renseignements qu'elles contiennent, être utiles à ceux que tenterait une semblable expédition. Quant aux autres lecteurs, les dessins dont un artiste de talent a bien voulu illustrer ce volume leur feront, j'en suis sûr, excuser la sécheresse du texte.

M. de la Nézière, pour qui l'Afrique n'a pas de secrets, a su, en effet, tirer un merveilleux parti de mes croquis et de mes photographies : il était impossible de donner une idée plus exacte des paysages traversés et de rendre les scènes qui s'y déroulent avec une plus grande vérité.

Qu'il me soit permis, en terminant, de remercier, d'une façon toute particulière, Lady Wingate qui, en l'absence du Sirdar, a bien voulu nous recevoir à Khartoum; le colonel Bunbury, un des officiers les plus aimables de l'armée anglaise, et, en général, tous ceux qui de près ou de loin ont contribué à faciliter notre voyage.

VOYAGE

AU

SOUDAN ÉGYPTIEN

C'est au mois de décembre 1900, au cours d'une conversation, que fut décidé ce voyage au Soudan. Depuis longtemps déjà je désirais connaître ce pays nouvellement ouvert à la civilisation. Son accès relativement facile, le gibier qu'on y trouve en abondance, tout cela me tentait.

Aussi, quand Albert Le Marois m'offrit de se joindre à moi pour aller y chasser, acceptai-je avec empressement sa proposition. Je ne pouvais, souhaiter un compagnon plus agréable. Il est, en effet, bon tireur et a l'habitude des longs voyages.

Notre départ fut aussitôt fixé. Par le prince Méhémet Ali, frère du khédive Abbas Hilmi, et par sir Rennell Rodd, j'eus bientôt une foule de renseignements utiles et des lettres de recommandation. Mais, comme le temps nous manquait pour organiser le côté matériel de notre expédition, nous nous adressâmes à l'Agence Cook, qui consentit à s'en charger, non sans de grandes hésitations.

Il fallait préparer aussi notre équipement personnel. Bien que cette question n'offre pas un grand intérêt, quelques détails ne seront pas inutiles.

Mes armes se composaient de deux carabines express à chiens 450 et 577; d'une carabine Marlin; de deux fusils de chasse calibre 20 (canons lisses) et de deux revolvers.

De son côté, Albert emportait deux carabines Holland 303 et 577 hammerless et deux fusils de chasse, calibre 20, également hammerless.

Une de nos caisses contenait, sous un petit volume, tous les outils nécessaires pour travailler le bois, une quantité de vis et de clous; quelques centaines de mètres de fouet tressé; un attirail de pêche; un projecteur électrique Trouvé; un appareil photographique Kodak n° 3 avec une provision de pellicules; une boîte pour l'aquarelle; des albums; des crayons; les instruments et ingrédients nécessaires à la préparation des peaux et des oiseaux; enfin des scies articulées et des haches.

Dans une deuxième caisse se trouvait la pharmacie; elle aurait pu suffire pour tout un régiment; mais, grâce à Dieu, nous eûmes peu d'occasions de l'utiliser.

Nous avions aussi une machine à glace fonctionnant à l'acide sulfurique qui ne nous a rendu aucun service. Aussi ne saurais-je trop conseiller de la remplacer par des bidons recouverts de feutre.

Nous emportions, en outre, des boussoles, des longues-vues, des jumelles de nuit, des baromètres et des thermomètres.

Comme vêtements, nous avions des costumes Khaki, veste, gilet, culotte ample; aux jambes, des puttee leggins ou des bandes de flanelle (puttee); des chemises de flanelle et d'Oxford (ce dernier tissu est bien préférable, car il se lave facilement).

J'avais toujours mon vieux casque de Ceylan, Albert en avait acheté un à Londres.

Ces préparatifs terminés, après avoir fait nos adieux, nous primes passage, à Naples, à bord du *Friedrich der Grosse*, et, quatre jours plus tard, nous débarquions à Port-Saïd.

Une chaloupe à vapeur nous conduisit à Ismaïlia, où Mme Tillier, femme du chef de Transit de la Compagnie du canal de Suez, nous reçut à dîner. L'heure du train nous força de quitter à regret ce petit coin de France.

Arrivés au Caire, nous étions, dès le lendemain, rejoints par mon père au Savoy-Hôtel.

Pendant huit jours l'organisation définitive de notre expédition, en remplissant nos journées, ne nous a laissé que juste le temps de faire quelques visites.

Sir Rennell Rodd et sa femme, toujours aimables, firent leur possible pour faciliter notre entreprise et Baird me donna de précieux renseignements; mais, au fond, personne au Caire ne connaît encore bien le Soudan.

Le 26 janvier, à 7 heures et demie du soir, le train de luxe nous emmenait à toute vitesse vers la Haute-Égypte.

27 janvier. — En arrivant à Luxor, nous profitons d'un long arrêt pour aller visiter les ruines de Karnac. Nous y trouvons M. Legrain, toujours gai et toujours aussi enthousiaste; il nous montre une magnifique statue qu'il vient de découvrir et dont la tête est absolument intacte.

Mais l'heure du train nous rappelle et nous lui faisons nos adieux.

En arrivant à la station, nous apprenons que la voie est coupée entre Luxor et Assouan. Impossible de savoir quand le service sera rétabli. Ce contre-temps est d'autant plus désagréable que le bateau quitte Shellal le lendemain à 4 heures du soir. Si nous n'arrivons pas à temps pour le prendre, nous manquons la correspondance du train de luxe de Khartoum et nous risquons de passer plusieurs jours à Wadi-Halfa.

Cette perspective nous sourit peu. Aussi demandons-nous à l'agent de Cook s'il n'y a pas un bateau en partance pour Assouan. Il en doit justement passer un à 4 heures, mais toutes les cabines sont retenues. Qu'importe! nous coucherons sur le pont.

Et pendant que nous faisons embarquer nos bagages, les autres voyageurs pour Khartoum, désolés, se demandent avec anxiété, sous la véranda de l'hôtel, combien de temps ils seront forcés d'attendre.

Nous envoyons des dépêches au Caire et à Assouan pour retarder le départ de l'*Isis* que nous devons prendre à Shellal. Un directeur de poste, qui voyage avec nous, télégraphie dans le même sens, car nous avons à bord le courrier du Soudan. Le lendemain soir, pendant le dîner, nous recevons la dépêche suivante : « Bateau-poste vous attend à Shellal », et notre joie est très aimablement partagée par les passagers que cette course contre le temps, « Racing against time », intéresse au plus haut point.

A Assouan, je retrouve le petit Ahmed dit « Tommy » que j'avais eu à mon service lors de mon dernier voyage en Égypte. Il me supplie de l'emmener au Soudan qu'il connaît, mais le nombre déjà trop grand de notre personnel m'oblige à refuser[1].

Arrivés à Shellal dans la matinée, nous avons le temps, l'*Iris* ne partant qu'à 4 heures, de déjeuner et de faire un tour au bazar. Puis nous nous embarquons; nous sommes seuls à bord avec un jeune Américain, M. John Norton, intelligent et de manières agréables; il s'intéresse vivement à la chance plutôt problématique que nous avons de pouvoir prendre le train à Wadi-Halfa.

Le mécanicien interviewé déclare que c'est impossible, mais il change rapidement d'avis à la suite d'un bakchich (pourboire) sérieux accompagné de la promesse de lui en donner un autre à l'arrivée.

Nous marchons jour et nuit, si bien que le 31, à 9 heures du matin, nous rattrapons le *Prince Abbas*, un tourist steamer, qui est parti vingt-quatre heures avant nous.

Le « restorator » du bord s'est mis en frais pour le dernier déjeuner.

En voici le menu :

Hors-d'œuvre : Œufs durs, tomates en salade.
Crevettes sauce remoulade.
Omelette portugaise.
Tournedos aux fonds d'artichauts.
Dindonneau rôti.
Salade russe.
Fruits.

A 5 h. 1/2 nous débarquons à Wadi-Halfa et, à 8 heures, nous sommes en route pour Khartoum.

Le train est bondé : un certain nombre de Suédois, deux vieilles misses anglaises, le directeur de la Banque d'Égypte qui va inaugurer la succursale de Khartoum et quelques officiers voyagent avec nous.

1. J'ai souvent dans la suite regretté cette décision, car, intelligent et parlant assez bien l'anglais, il aurait pu parfois nous être fort utile.

Les wagons, assez confortables, sont éclairés à la lumière électrique que fournit un groupe générateur installé dans un fourgon.

Le pays entre Wadi-Halfa et Halfaia (gare de Khartoum), est peu intéressant : le désert, puis la brousse basse; entre Abou-Hamed et l'Atbara, on aperçoit parfois des gazelles et des outardes.

Nous arrivons à Halfaia le 2 février à 6 h. 1/2 du matin. A la gare, le capitaine Bailey, aide de camp du Sirdar, nous attend et, de la part de Lady Wingate, nous invite à monter à bord de son bateau l'*Elfin*, qui nous mènera à l'hôtel. Nous acceptons et une heure après nous sommes installés dans nos chambres, heureux de pouvoir enfin nous débarrasser de la poussière du chemin de fer.

Les quatre jours suivants sont employés à faire des achats et à organiser la caravane.

Angelo Cappato, marchand grec, se charge de nous procurer des chameaux et nous donne une foule de renseignements utiles, tant sur les détails de l'expédition que sur la voie à suivre.

Pour lui — et c'est aussi l'avis des officiers que nous interrogeons à ce sujet, le lieutenant-colonel Bunbury, qui remplace le Sirdar pendant son voyage au Kordofan, et le colonel Matthews, chef du Civil Département — la meilleure route est celle du Nil Bleu. Ils nous proposent de télégraphier au Moudir de Wod Medina pour qu'il nous procure guides et chasseurs.

Nous achetons trois chevaux à raison de 12, 13 et 6 livres 1/2 et nous engageons un saïs recommandé par Cappato. Enfin, vingt-quatre heures après, le cheik des chameliers, Ibrahim el Ahmar, ayant complété son effectif, nous nous mettons en route pour le Sud-Est.

Voici, au départ de Khartoum, la composition de notre caravane :

Albert et moi.
André Mauduit . . } Valets de chambre.
Moulin . . . . . }
Ali Hassan . . . Drogman.

Boutros Rahad . .	1re domestique.
Elias Habib . . .	2e domestique.
Ahmed Mansour . .	Cuisinier.
Abassi	Saïs (palefrenier).
Bourjane dit Beaujolais,	bon à tout faire.
Ibrahim el Ahmar .	Cheik des chameliers.
14 chameliers.	

Je laisse maintenant parler le journal qui commence ici et auquel chaque jour vient ajouter une page.

7 février. — Il est 5 heures du matin quand nous partons. Albert monte le Gnou (poney noir), moi le gris. Abassi le saïs, tenant en main le bai, et André et Moulin (nos valets de chambre) se hissent sur des dromadaires.

Le pays traversé est affreusement plat et dénudé; peu de gibier, sauf quelques demoiselles de Numidie. Le cheik, qui dirige notre marche, nous fait faire un crochet absurde, puis nous mène près de la rivière pour déjeuner et nous reposer pendant les heures chaudes. L'endroit choisi est en plein soleil et nous sommes obligés, pour avoir un peu d'ombre, de dresser une petite tente; celle qui nous abrite est le luncheon tent dont les drogmans syriens et égyptiens ne sauraient se passer; une ombrelle de peintre paysagiste, munie de quatre cordes, afin de la maintenir contre le vent, serait infiniment plus utile et moins lourde.

Nous repartons à 3 heures pour arriver à 4 heures au camp. Albert

fait de vains efforts pour fabriquer de la glace, mais il parvient cependant à rafraîchir beaucoup l'eau destinée au dîner.

8 *février*. — Levé le camp à 6 h. 1/2. Journée monotone et ennuyeuse. Le guide, chargé de conduire la caravane, s'est arrêté 15 kilomètres avant le point fixé pour l'étape, d'où échange de paroles vives entre les voyageurs, le drogman, le cheik et le guide.

9 *février*. — Pour rattraper le temps perdu la veille, nous marchons ferme jusqu'à Kamlin, où nous faisons halte dans un ravissant bois de palmiers, peuplé d'une nuée de corbeaux au plumage noir et blanc. Ce petit bois est leur domaine et malheur aux oiseaux de proie qui osent s'y aventurer. Pendant que les hommes et les bêtes se reposent, je prends quelques notes et je fais un croquis. A 3 heures, je réveille tout le monde, car il nous reste encore un long trajet à faire, et nous nous remettons en route.

Nous n'arrivons au camp qu'à 6 h. 1/2; on dresse les tentes, les

gamalas[1] et leurs chameaux sont fatigués, mais le don d'un mouton les réconforte et les console de la longue traite fournie.

10 *février*. — Aujourd'hui, nous devons camper entre Debba et Zerbul; accompagné d'Abassi, nous partons seuls pour suivre la rive du fleuve, dans l'espoir de tirer quelque gibier. En reprenant la route, nous voyons des traces de chameaux qui nous induisent en erreur; si bien qu'après six heures de marche nous arrivons à Om-Duraba, mourant de soif, pour apprendre que la caravane n'est pas encore passée.

J'envoie Abassi au-devant d'elle et nous acceptons, en attendant, l'hospitalité offerte par un Barbarin, qui fait le commerce de doura. Une heure plus tard arrive le drogman accompagné du cheik et de nos valets de chambre; il est affolé; il nous croyait perdus. Nous campons sur place.

Sur la rive opposée se tiennent en nombre incalculable des grues et des demoiselles de Numidie, parmi lesquelles on peut voir des groupes de spatules, d'aigrettes et d'ibis.

11 *février* (8 h. matin, 33°; 5 h. soir, 34°). — Au réveil, Albert tue deux demoiselles de Numidie qui passent au-dessus du camp, puis, comme nous traversons un pays souvent boisé, j'abats quelques jolis oiseaux : un guépier, un rollier, un buceros tockus, un centropus superciliosus.

Près de Messalana, nous rejoignons la colonne légère. Devant nous se dresse un ravissant bois de citronniers, où nous voulons nous arrêter, mais Ibrahim nous affirme qu'il vaut mieux aller plus loin pour trouver de l'eau et de l'ombrage. Encore une fois, son ignorance du pays nous éloigne de la route directe et nous arrivons au bord du fleuve, enserré à cet endroit entre deux rives à pic; il est impossible de faire boire les chevaux. A cet endroit les berges ont de 15 à 30 mètres de hauteur.

Heureusement, nous entendons le bruit d'une sakieh et bientôt nous sommes au milieu d'une culture maraîchère très prospère, où nous pou-

1. Chameliers.

vons nous procurer des oignons frais. La caravane campe un kilomètre plus loin près du village de Fadasi.

12 *février*. — Ali Hassan, ayant entendu crier une hyène pendant la nuit et médiocrement rassuré, s'est promené depuis 4 heures du matin dans le camp, brandissant d'une main une casserole et de l'autre un bâton pour effrayer, nous dit-il, cet animal féroce. Je lui conseille de se tenir tranquille et de ne pas troubler inutilement notre sommeil.

Nous quittons le camp à 7 heures et, deux heures après, nous arrivons à Wod Medina, où le major H... nous reçoit fort aimablement et nous montre les dépêches qui nous concernent. Les Shikaris[1] nous attendent à Sennar; ils ont été choisis par X. bey, Inspector en résidence à Karkodj.

Nous ne verrons pas de gibier avant Sennar, aussi nous conseille-t-on de ne pas nous attarder en cours de route.

Nous déjeunons et nous dînons chez le Major et il est près de 10 h. 1/4 quand nous lui faisons nos adieux, en lui promettant de le revoir à Omdurman.

13 *février* (8 h. mat., 33°; 12 h., 38°; 4 h. 1/2, 43°). — Pour aller de Wod Medina à Chokkaba, il y a deux routes; je pense qu'il est inutile de dire que nos guides nous ont fait prendre la plus longue. Nous n'y parvenons qu'à 5 h. 1/2. La « Hamla[2] » que nous avons dépassée s'installe cependant et la soirée s'écoule sans autre incident qu'une discussion entre chameliers et indigènes : un de nos chameaux a mangé une maison.... C'était, il est vrai, une maison en paille.

Au moment où nous nous préparons à nous coucher, le campement est envahi tout à coup par une nuée de criquets longs de 15 centimètres, qui pénètrent partout. Ils font tant de bruit en tombant sur la toile des tentes, qu'il est impossible de dormir. Nous sommes obligés d'éteindre tous les feux.

1. Chasseurs.
2. Caravane.

14 *février* (1 h., 38'). — L'étape à faire aujourd'hui est longue et, dès 5 h. 1/2, nous levons le camp. Le pays commence à être beaucoup plus boisé; les touffes naines de buissons épineux font place à des arbustes de trois à quatre mètres. Le terrain est également moins plat et, dans les vallonnements, nous apercevons, pour la première fois, des pintades. Deux coups de fusil en abattent une demi-douzaine et cela nous permet de varier le menu du dîner, où le poulet et le mouton s'étaient jusqu'à présent disputé la place d'honneur.

Nous avons maintenant, pour diriger notre marche, un guide, un vrai guide qui connaît tous les détours du chemin; malheureusement, il ne connaît pas la rivière et nous en éloigne quand arrive l'heure de la halte. Cette fois, je quitte le guide et, me dirigeant vers un dattier (ces palmiers sont toujours à proximité de l'eau), j'arrive au bord de la rivière; je tire quelques coups de revolver et Albert me rejoint bientôt suivi des autres.

L'endroit est ravissant : un grand *sunt* (acacia arabica) nous protège de son ombrage; autour de nous des tamarins au feuillage vert clair filtrent la lumière, tandis que les palmiers profilent leurs troncs élancés. La température est délicieuse sous ces arbres; les gourdes se rafraîchissent vite et nous faisons honneur au déjeuner; mais il faut s'arracher aux charmes de ce lieu, pour affronter de nouveau les rayons brûlants du soleil.

Nous suivons longtemps les bords du fleuve où pour la première fois nous voyons des crocodiles. Ibrahim, qui nous a rejoints, vient dire à Ali Hassan que les hommes sont fourbus et que les chameaux refusent d'avancer et se couchent.

Après un court conciliabule avec Albert, je m'approche du Cheik et lui annonce que nous donnerons un mouton aux chameliers en arrivant à Sennar. L'effet produit par cette nouvelle est étonnant : les hommes ne boitent plus et les chameaux marchent gaiement sans manifester la moindre envie de se coucher.

Il est 7 heures quand nous arrivons à Sennar et le Mamour met à notre disposition une maison très confortable composée de deux cases en terre, réunies par une chambre, dont les murs sont aussi en pisé. C'est un palais et nous nous y installons après avoir vu un des shikaris recrutés pour nous. Les autres sont sur la route entre Sennar et Chokkaba; ils ont dû nous croiser pendant que nous faisions halte près de la rivière.

15 *février* (2 h. 30, 35'). — Précédés de Saala, notre nouveau Shikari, nous suivons, tout en causant, le sentier de Sennar à Abdin. « Quand

CHUTE DE MOULIN

donc verrons-nous enfin du gibier? » lui demandons-nous. « — Il n'y a rien à faire jusqu'à Karkodj, nous dit-il; mais, à partir de là, nous verrons éléphants, buffles, hippopotames, antilopes, kétir[1]. C'est là qu'il faut aller. »

Pendant que nous parlons, Saala me montre un troupeau de gazelles. Je mets aussitôt pied à terre et je cherche à les approcher; mais une épaisse zariba[2] m'empêche de les voir. Je tire néanmoins et je les manque au moment où elles se sauvent.

En rejoignant notre petite troupe, nous apprenons que Moulin, qui a la manie de placer et de déplacer sa selle, est tombé du haut de son cha-

1. Ketir, en arabe beaucoup.
2. Clôture en épines.

meau. Il ne s'est d'ailleurs fait aucun mal, mais il n'en est pas de même de la selle qui est fortement endommagée. On n'a pu rattraper le chameau que longtemps après.

A Abdin, où nous devons passer la nuit, le Cheik du village se donne beaucoup de mal pour nous bien recevoir. Il nous apporte lui-même de l'eau dans laquelle il a fait dissoudre un énorme morceau de sucre; tout invraisemblable que cela semble, cette boisson est très rafraîchissante; puis, après l'eau sucrée, vient le thé.

Pour n'être pas en reste de politesse avec lui, nous lui offrons, à notre tour, le café et des cigarettes; puis, comme nous lui demandons ce qui pourrait lui être agréable : « Du wisky », répond-il.

Albert, dégoûté, se retire sous sa tente, pendant que j'expose au Cheik tous les dangers de l'alcoolisme. Il s'en va, mais je crains de ne pas l'avoir converti.

SAALA

16 *février* (6 h. 30, 16°; 1 h. 20, 34°; 9 h. s., 28°). — Deux des chasseurs qui, avec Saala, doivent nous accompagner dans notre expédition, viennent de nous rejoindre, nous ne trouverons le quatrième qu'à Karkodj.

Saala, dont j'ai déjà parlé, est un homme assez âgé, qui zézaie et bégaie péniblement; sa vue paraît médiocre; il s'intitule le cheik des chasseurs. Adam, le deuxième, est un homme grand, fort, au front bas, à la physionomie peu sympathique.

Le dernier enfin, Ali, est un garçon d'une vingtaine d'années à l'air intelligent, bavard comme une pie, mais qui paraît aimer la chasse.

Pour tous vêtements, ils portent un caleçon et une bande de toile qui, la nuit, leur sert de couverture et, pendant le jour, de manteau, de turban ou le plus souvent de coussin. Ce dernier usage s'explique d'ailleurs de lui-même, quand on considère leurs selles. Elles sont en bois, très courtes, avec un pommeau et un trousse-quin relevés, et les étriers se composent d'un anneau dans lequel ils passent le gros orteil.

ADAM

En fait d'armes, chacun d'eux possède un sabre et une lance; leur bras gauche est orné d'un couteau et le droit d'une foule d'amulettes qui les préservent des éléphants, des serpents, des lions et des léopards.

La route coupe la presqu'île formée par le Nil, aussi quittons-nous bientôt les bois et nous sommes dans une plaine légèrement ondulée, très habitée et très bien cultivée. Nous traversons plusieurs villages avant d'arriver à Es-Sidera où nous faisons halte.

ALI

Le Cheik du village met à notre disposition une case composée de deux huttes. Un toit les réunit et c'est sous cette espèce de véranda très fraîche que nous nous installons pour déjeuner. Albert m'annonce qu'Adam a vendu son cheval à Ali Hassan, ce qui ne fait qu'accroître l'impression déjà peu favorable que nous a produite ce shikari.

Nous partons ensuite pour Ambaga. En y arrivant, Albert apprend que le saïs, Abassi, a fait toute la route à pied, et cela vaut à Ali Hassan qui en est cause une sévère réprimande. D'après le contrat, en effet, passé avec lui deux chameaux doivent toujours être réservés à notre usage; l'un d'eux étant monté par Saala, le second aurait dû l'être par Abassi; mais le drogman, ayant promis à Adam, si celui-ci lui cédait son cheval, de lui donner un chameau pour aller jusqu'à Karkodj, n'avait trouvé rien de mieux que de priver Abassi du sien.

La race des drogmans est en général détestable, Ali ne fait pas exception à la règle et serait insupportable s'il n'était pas mâté de temps en temps.

17 *février*. — En arrivant à Hellet Tewfik, je reçois une lettre qui m'apprend que X... bey est parti pour Wod Medina. C'est le Mamour qui m'écrit. Quelques minutes plus tard, il vient en personne nous rendre visite. C'est un petit homme d'une trentaine d'années, il est très intimidé. Après quelques instants de conversation, il nous montre une dépêche venant de Khartoum qui nous interdit de pénétrer dans le pays situé au delà de deux lignes allant, l'une de Karkodj à Djebel-Ain, l'autre de Karkodj à Gedaref. Cette nouvelle, qui limite notre expédition aux rives du Nil Bleu, nous mécontente beaucoup, car on nous avait affirmé à Khartoum que nous pourrions sans inconvénient aller du côté de Om Mater.

Nous cherchons cependant à retenir le Mamour à déjeuner, mais, visiblement gêné, il refuse notre invitation. A peine est-il parti, qu'on me remet la note suivante : « Due to Mamur Karkodj from Prince Aremberg on a/c of messengers, telegrams and men sent to fetch his shikaris, etc., P T 170. Signé : X..., Inspector ».

Près de trois livres anglaises de dépêches et de courriers pour faire venir trois hommes d'un village distant de six kilomètres. Et cela dans un pays où l'on en enverrait un de Karkodj à Khartoum pour dix piastres!

Après déjeuner nous allons camper à Sérou presque en face de Karkodj. Quand nous y parvenons il est encore de bonne heure et nous sortons pour chercher à tirer quelque chose. Nous apercevons d'abord quelques gazelles, mais sans pouvoir les approcher et, un peu plus tard, quatre phacochères qui sortent d'un bois et se dirigent vers un marécage, au milieu de la plaine. Je fais un grand tour, mais il n'y a aucun couvert et puis la nuit tombe si vite, que je distingue à peine mon guidon; je me décide cependant à tirer; j'entends la balle frapper, mais

les phacochères détalent. J'avais tiré avec la carabine Marlin; ce mauvais résultat me décide à ne plus m'en servir.

Depuis le commencement de la nuit les chiens du village n'ont cessé d'aboyer; vers une heure du matin, leur vacarme devient insupportable et j'entends Ali Hassan qui crie : « Abassi, renvoie donc les chiens! »

Pauvre Abassi, on ne le laisse même pas se reposer la nuit; ce qui ne l'empêche pas de courir tout le jour à droite, à gauche pour couper du bois, laver la vaisselle, sans pour cela cesser d'être de bonne humeur et de manger comme un ogre.

SOLIMAN

18 *février*. — Notre personnel s'est augmenté de deux indigènes : l'un, Soliman, est le beau-frère d'Ali et d'Adam, c'est le quatrième chasseur monté que nous attendions. Il est grand et a la peau très noire; sa barbe et ses cheveux commencent à grisonner; il parle très peu et toujours à voix basse; Albert s'étant attaché Adam et Saala, je garde le nouveau venu à mon service.

L'autre est un homme assez âgé, mais grand, fort et bien découplé; son visage aux traits réguliers est un des plus beaux que j'aie vus dans ce pays; de plus, soit éducation, soit noblesse naturelle, ses manières sont distinguées. Après nous avoir souhaité un heureux voyage dans ce pays si lointain du nôtre, il nous affirme que son plus grand bonheur serait de nous accompagner en qualité de chasseur. « Malheureusement, ajoute-t-il, il vous sera impossible de tuer du gros gibier si vous n'avez pas un bateau qui vous suive sur la rivière; je mets le mien à votre disposition et je serai enchanté de vous faire tuer hippopotames, buffles et éléphants. »

— « Quel prix demande-t-il? » Mabarak — c'est ainsi qu'il se nomme, souffre visiblement de cette question trop « business-like; » pour lui, il ne demande rien, mais son bateau nécessite un nombreux équipage, et il faut bien que tout le monde vive.... Il résume en réclamant une livre par jour.

Nous lui faisons répondre par Ali-Hassan que nous n'avons que faire d'un bateau, mais que, s'il connaît, comme il le prétend, tout le cours du fleuve nous sommes disposés à l'engager au même prix que les autres chasseurs.

Mabarak, tout en protestant qu'il ne veut pas d'argent, accepte aussitôt; et ajoute qu'il nous accompagnera à pied.

A 11 heures, nous nous arrêtons au village de Oualed Ebn Aama, pittoresquement perché sur la haute berge qui domine le Nil. Après déjeuner, Mabarak nous appelle pour nous montrer un hippopotame qui plonge et reparaît sans cesse. « Mais, là-bas, plus loin, nous dit-il, vous en verrez Kétiiiiiiiir! »

Nous nous dirigeons ensuite vers Gura où nous devons camper et rester trois jours. Chemin faisant, Albert tire, sans résultat, un petit crocodile qui disparaît aussitôt sous l'eau.

19 *février* (12 h., 37°; 2 h., 43°). — Nous sommes sortis chacun de notre côté à la recherche de gazelles; j'en vois pour ma part plusieurs que je manque, et, très mécontent de ma maladresse, je rentre au camp. J'y trouve Albert qui, n'ayant pas été plus heureux que moi, se trouve dans un état d'esprit très semblable au mien. Cela, du reste, ne nous empêche pas de faire honneur au thé frais sodorisé[1] et au déjeuner.

Vers trois heures, nous repartons après avoir tiré quelques balles sur une cible : la carabine d'Albert relève d'une façon ridicule : à 60 mètres, il faut, pour toucher le but, viser plus d'un mètre au-dessous.

Il fait encore très chaud. Aussi mes hommes me conseillent-ils d'attendre un peu, les gazelles ne se rapprochant de la plaine que vers le coucher du soleil.

Nous nous asseyons donc avec des bergers qui me questionnent sur mon pays. Je m'efforce de satisfaire leur curiosité, mais ma connaissance

1. Le Sodor ou Sparklett rend toutes les boissons gazeuses.

de la langue arabe n'est pas suffisante pour pouvoir leur donner une idée bien nette de Paris.

Ali est enrhumé du cerveau, je lui donne à respirer un flacon d'ammoniaque, ce qui lui fait faire des grimaces affreuses, à la grande joie de l'assistance.

Nous repartons. Après trois quarts d'heure de marche, j'aperçois deux gazelles qu'une ligne de termitières me permet d'approcher ; j'en tue une, mais il m'est impossible de rejoindre la seconde à qui j'ai pourtant cassé une jambe. Le soir, pour fêter cette première victime et aussi le mardi gras, nous buvons une demi-bouteille de champagne.

GAZELLE

20 *février* (1 h. 30 s., 42°). — Ali Hassan qui souffre d'un anthrax à l'épaule va plus mal aujourd'hui ; il a la fièvre et paraît très démoralisé. Nous lui conseillons de retourner à Karkodj, où il trouvera peut-être un médecin ; s'il n'y en a pas, il continuera jusqu'à Sennar. Je lui donne une lettre pour le Mamour. Il partira demain.

Le temps est lourd et chaud et je reste à me reposer au camp. Albert qui est sorti très tôt rentre à onze heures dégoûté de la chasse, de ses chasseurs et de sa carabine. Nous sommes, d'ailleurs, assez mal en train tous les deux, ce qui est dû peut-être à notre orgie d'hier soir.

A quatre heures je sors à cheval avec Ali ; les gazelles sont très sauvages, mais pendant que je cherche à m'approcher d'un troupeau, un beau mâle débouche de l'herbe, à cent mètres de moi : une balle lui traverse la poitrine en cassant les deux épaules. Il n'en fait pas moins près de cent mètres avant de tomber mort.

En rentrant au camp je trouve Albert qui a tué une oie avec sa 303. Le voilà maintenant tout à fait réconcilié avec son arme.

Pendant que nous dînons, Moulin vient nous annoncer que l'on entend rugir un lion ; il n'est pas à plus de cinq cents mètres du camp. Nous faisons allumer du feu, car nous craignons pour les chevaux et les chameaux.

Cela ne nous empêche pas de dormir comme d'habitude, c'est-à-dire sans bouger jusqu'à cinq heures du matin.

21 *février*. (2 h. 30 s., 39°). — Ali Hassan nous fait ses adieux ; le pauvre diable est persuadé qu'il va mourir. Il est certain que, diabétique comme il l'est, toute opération serait dangereuse; avant de partir il dit à Albert qu'il n'a confiance qu'en un seul homme, c'est Ahmed, le cuisinier. Aussi est-ce à lui qu'il remet les fonds nécessaires aux achats.

Par suite de ce départ, nous voici désormais réduits, pour nous faire entendre du personnel indigène, à ma vague connaissance de la langue arabe et au répertoire en français de Boutros; or il ne sait que ces quelques mots : « le petit »; « je frappe »; « je marche ». De plus, il se refuse obstinément à parler arabe, ce qui est loin de simplifier les choses.

Nous levons le camp Un peu avant d'arriver à Tébessa, deux lions traversent le sentier devant nous. Nos hommes se refusent à suivre leur

CAMP DE TEBEYA

piste. Une discussion assez vive s'engage même à ce propos entre Saala et Soléman; malheureusement, j'ai beau écouter avec attention, je ne comprends rien. Tout ce dont je me rends compte, c'est que Soléman a l'air mécontent. Je demande alors une explication et Saala me répond qu'il est inutile de suivre les lions; ils sont partis « baiiiid »[1]; mais, ce soir, nous en verrons « ketiiiiiir »[2].

Cet après-midi, on a installé le camp près d'un grand arbre, au bord d'une plaine verdoyante. Nous finissons de déjeuner, quand Abassi nous signale un blanc qui passe à quelques centaines de mètres de nous; nous le faisons aussitôt prier de venir nous parler et nous lui proposons nourriture, café, thé. Il n'accepte qu'un verre d'eau. C'est un Grec établi à Karkodj, et qui charme ses loisirs en tirant des gazelles. Il ne sait pas un mot d'anglais ni de français; notre conversation se trouve donc limitée à l'arabe. Il me dit qu'il y a beaucoup de gibier ici, surtout des lions et des panthères; mais, comme il est mal armé, il évite avec le plus grand soin toute rencontre avec ces animaux.

Vers 5 heures, nous partons à la recherche des lions, promenade

1. Loin.

2. Nous avons souvent regretté depuis d'avoir écouté cet imbécile de Saala aussi peureux que mauvais chasseur.

inutile d'ailleurs; car, si nous en reconnaissons des traces, il nous est impossible d'en voir un seul. La nuit nous les entendons rugir tout autour de nous.

22 *février* (2 h. s., 41°). — Nos hommes sont vraiment de détestables chasseurs; non seulement ils ne savent pas suivre une piste, mais ils ne s'occupent jamais du vent.

Un berger de l'endroit s'est offert pour nous aider à trouver des lions; il a trois chiens qui ressemblent beaucoup à des levriers; tenus en laisse, ils suivent assez bien la voie, mais dès qu'on les lâche, ils prennent change sur des gazelles. Nous passons la matinée à faire ainsi marches et contremarches inutiles et, à l'heure du déjeuner, nous revenons au camp bien décidés à ne plus écouter chasseurs ni indigènes.

Mabarak, qui a rallié, vient nous dire alors qu'il a vu un grand nombre d'hippopotames dans la rivière. Précédés par Water Melon[1], nous partons vers trois heures accompagnés de nos chasseurs; nous longeons d'abord la nappe d'eau qui se trouve au sud du camp, puis nous entrons dans la brousse qui borde la rivière. Soudain, j'aperçois une masse jaunâtre à travers les branches. Albert l'a vue en même temps que moi. Sans perdre une minute, nous chargeons en courant nos carabines. Cette fois, il n'y a pas de doute, c'est bien un lion. Tandis que nos chasseurs, qui n'ont rien vu, perdent du temps à rattraper nos chevaux, Albert prend à gauche et moi à droite; je marche avec précaution, car il y a de grandes herbes et des touffes de palmiers qui font des taches d'ombre; Soléman me rejoint à ce moment. Tout à coup, je vois un grand corps fauve qui s'enfuit devant moi à environ 60 pas. C'est peut-être la seule fois durant ce voyage que j'aurai la chance de tirer un lion, aussi, sans plus réfléchir, je me jette à genoux et, tout en me penchant sous les branches de nabbuk[2] qui me gênent, je tire. Soléman, couché à plat ventre, m'affirme que j'ai atteint l'animal

1. Surnom que nous avons donné à Mabarak (melon d'eau ou pastèque).
2. Arbre épineux (Rhamnus lotus).

à la hanche. J'en doute, car j'ai tiré au jugé et n'ai pas entendu frapper la balle. Je crie à Albert de se tenir sur ses gardes et je cours à l'endroit où se trouvait le lion lorsque j'ai tiré. Ses griffes ont laissé dans le sol deux profondes empreintes, mais il n'y a pas la moindre goutte de sang. Je suis la trace jusqu'à un grand bouquet d'herbes qui s'agitent au passage d'un animal. Soléman aurait-il raison et le lion serait-il blessé?

Nous mettons le feu aux herbes qui brûlent lentement, et nous attendons prêts à toute attaque. Malheureusement rien ne sort : le « roi du désert » doit être loin....

Attirées par l'incendie, des nuées de guêpiers au plumage rouge et bleu planent au-dessus des herbes en feu, attrapant les mouches et les sauterelles qui fuient les flammes.

Mabarak, parti en reconnaissance, nous rejoint et déclare que les hippopotames, effrayés par l'incendie, sont invisibles.

Nous rentrons au camp très désillusionnés.

23 *février* (2 h. s., 38°). — Accompagnés de nos chasseurs, nous partons à cinq heures à la recherche des lions. Après avoir parcouru environ 1 kilomètre, nos hommes nous font mettre pied à terre. Longtemps nous marchons à travers les hautes herbes et les fourrés où les épines nous déchirent la figure et les vêtements. Aujourd'hui encore les lions se moquent de nous, rugissant tantôt à droite, tantôt à gauche, sans qu'il soit possible de les approcher.

Mais bientôt de nouvelles traces se dirigeant vers l'Ouest se présentent à nous; cette fois encore nous ne sommes pas plus heureux et les hommes perdent rapidement la piste.

Nous apercevons alors un troupeau de gazelles de Soemmering; j'en tire une à 100 mètres et la balle l'atteint à la cuisse. Je siffle nos hommes, restés en arrière avec les chevaux, et leur dis de poursuivre la bête; c'est d'autant plus facile que de larges flaques de sang indiquent la direction qu'elle a prise. Vingt minutes plus tard, ils reviennent sans avoir rien trouvé.

En rentrant, nous rencontrons des bergers qui nous affirment avoir vu un lion à l'endroit même où nous cherchions ce matin; nos hommes sont des inutiles.

24 *février* (1 h. 30 s., 36°; 8 h. s., 26°). — Aujourd'hui, nous décidons de lever le camp et de continuer à remonter la rivière. Pendant que la caravane suit le sentier, nous faisons un crochet et passons par l'endroit où j'ai tiré le lion.

Il y a près de là une « muchera »[1], d'où l'on voit la rivière; en nous en approchant, nous entendons mugir des hippopotames et bientôt nous en voyons une quinzaine qui prennent leurs ébats. Il y en a de très gros et de tout petits; ceux-ci surtout sont drôles, ils grimpent sur le dos de leurs mères pour plonger presque aussitôt. Nous restons près de trois quarts d'heure à les regarder jouer.

Tout à coup Saala accourt en criant: « Dabi! »[2]. Nous saisissons nos carabines et nous nous élançons dans la direction qu'il nous indique. Le lion n'était pas à plus de dix mètres de lui quand Saala l'a aperçu. Albert court à droite et moi à gauche, mais je ne puis trouver de passage à travers les nabbuks. Au moment où je me retourne, j'entends Soléman qui appelle. Il a vu passer le lion à 20 mètres de l'endroit où il gardait les chevaux. Nous suivons la trace, mais nous la perdons bientôt dans les hautes herbes.

Nous remontons à cheval et nous reprenons notre route; au bout d'une heure, nous entendons un coup de fusil, c'est André qui vient de tirer un merle. Abassi, accroché au passage par une branche, fait une chute formidable du haut de son chameau. Il n'a heureusement aucun mal et la caravane reprend sa marche un instant interrompue pour aller camper sous de grands *sunt*, dans un endroit ravissant; à droite et à gauche s'étendent deux grandes prairies parsemées de bouquets d'arbres, tandis que, du côté de la rivière, une bande épaisse de nabbuks nous cache le sable de la rivière. Moulin, accompagnant les hommes chargés d'aller chercher de l'eau au fleuve, revient en disant

1. Endroit où les animaux descendent pour boire
2. Lion, en arabe soudanais.

qu'il y a cinq lions de l'autre côté de l'eau. Renseignements pris, ce ne sont que des phacochères. Pour ceux qui n'ont jamais vu cette espèce de sangliers à l'état sauvage, cette erreur peut paraître extraordinaire ; mais les phacochères rencontrés ici sont très différents des spécimens que l'on

CAMP D'AHMAR

peut voir dans les jardins zoologiques d'Europe. En effet, toute l'avant-main est recouverte de soies jaunâtres, très longues, tandis que la croupe et les cuisses sont presque dénuées de poils ; aussi, quand on est loin, est-il assez facile de se tromper.

Après le déjeuner, nous partons ensemble pour tâcher de tuer une gazelle. Nous en apercevons deux et je mets pied à terre pour les approcher. De nombreux baobabs me permettent d'arriver à soixante pas sans qu'elles se soient aperçues de ma présence. J'en tue une mais manque la seconde qui se sauve pendant 50 mètres et s'arrête. Albert, qui fait de vains efforts pour retenir les hommes et les empêcher d'effrayer la bête, n'est pas plus heureux que moi. Il tire, en effet, au moment où la gazelle s'enfuit de plus belle.

Ma victime est une gazelle de Soemmering; c'est un très joli animal

BAOBABS

aux longues cornes incurvées en dedans, au poil dru, fin et court. La couleur du dos est alezan clair, tandis que le ventre et la partie postérieure de la croupe sont d'un blanc pur[1]. En quelques instants on l'attache sur un cheval et nous repartons. Un peu plus loin, Albert en tire une autre avec une « solid »[2] et j'entends la balle frapper, mais la gazelle ne semble pas s'en porter plus mal, car il nous est impossible de la rejoindre.

1. Les indigènes l'appellent Ariel ou M'gaha.
2. Balle pleine.

En rentrant, nous trouvons Mabarak qui a suivi le bord de la rivière; il apporte une quarantaine d'œufs de crocodiles, dont Abassi se régale. Je lui demande quelle est la durée de l'incubation de ces œufs : « Les petits naîtront lorsque la rivière deviendra bleue (asrak) », me dit-il, c'est à-dire à la saison des pluies. Cette réponse me laisse rêveur; le Nil est actuellement du plus beau bleu, tandis qu'au moment des crues, il se charge de la terre noire qui constitue ses rives et prend alors une teinte sombre. D'ailleurs les Arabes appellent le poney noir El Asrak. Le Nil Bleu serait donc le Nil noir?

25 *février* (6 h. m., 12°; 1 h. 30 s., 36°). — Toute la nuit, le camp a été sur pied; des lions rôdaient autour de la zariba et effrayaient terriblement nos hommes. Abassi s'était réfugié, une lanterne allumée à la main, entre les pattes de Piperlin[1]. Je dois avouer que ni Albert, ni moi, n'avons entendu rugir les lions à 25 mètres de notre tente. On nous réveille plusieurs fois pour nous dire que les lions sont tout près, mais il fait si noir qu'il est impossible de tirer, aussi nous allons nous recoucher en défendant qu'on nous dérange.

MARABOUT

Le matin nous sommes partis chacun de notre côté avec nos chasseurs. Mon tir devient meilleur et, en peu de temps, je tue une petite gazelle et une ariel. En rentrant, je rencontre un indigène, qui me dit qu'un lion vient de tuer une gazelle tout près de là. Un groupe d'oiseaux de proie et de marabouts m'indique l'endroit et je m'y rends aussitôt. La victime est une ariel femelle; il n'en reste presque rien. Sans plus regarder autour de moi, je m'en vais; mais je me suis à peine éloigné que j'ai lieu de regretter de ne pas avoir attendu. Un homme qui nous suivait a vu le lion, que j'avais dérangé, revenir aussitôt[2]. Je me décide alors à le poursuivre, mais je perds sa trace dans les hautes herbes.

1. Nous appelions le cheval bai M. Piperlin.
2. Un lion qui a tué et que l'on effraie revient presque toujours à sa proie.

Albert rentre à midi; il a tué une gazelle et une ariel et en a blessé une autre. Nous passons notre après-midi à préparer des postes dans les arbres, pour nous mettre la nuit à l'affût des lions qui viennent boire à la rivière.

26 *février* (2 h. s., 38°). — Hier soir, je suis resté jusqu'à onze heures et demie dans mon arbre. Ce n'est que lorsque la lune a disparu, que je suis allé me coucher. Albert n'est rentré qu'à cinq heures du matin; lui, non plus, n'a rien vu. Les lions ont rugi plusieurs fois au commencement de la nuit, puis le silence n'a plus été interrompu que par les cris des hyènes et les mugissements des hippopotames, errant sur les berges du fleuve. Nous restons couchés jusqu'à neuf heures, mais la chaleur nous fait déguerpir de nos lits.

Jusqu'à midi, je dessine et j'écris, puis, après déjeuner, nous sortons pour chasser. Aujourd'hui le hasard ne me favorise pas, je ne vois rien. En passant près d'un marais, couvert de canards, mes hommes me demandent d'en tirer un; bien qu'ils soient à 200 mètres de nous, je cède à leur désir et suis assez heureux pour couper net la tête d'un canard à longue queue. Je rentre au camp où je trouve Mabarak accompagné de quatre hommes; il me les présente avec un geste large et noble : « Mes fils ». Chacun des fils est porteur d'un énorme melon d'eau.

Albert, qui rentre à ce moment, ne comprend rien aux quatre « water-melons » alignés devant moi, je dois prier Mabarak de recommencer la présentation de sa progéniture. Nous avons toutes les peines du monde à garder notre sérieux. Mabarak nous explique alors que ses fils sont venus avec deux bateaux, un grand et un petit, et que celui-ci est indispensable pour chasser les hippopotames. Il se fait fort d'ailleurs de nous en montrer le lendemain.

27 *février* (6 h. m., 13°; 2 h. 30 s., 42°; 4 h. s., 40°). — Nous levons le camp à 6 heures pour nous arrêter à midi en plein soleil. Or, faisant halte trois kilomètres plus tôt nous aurions pu nous installer dans un endroit frais et ombragé, mais Saala s'y est opposé. D'après lui, il nous aurait été impossible d'arriver à la rivière pour faire boire les animaux.

Après le déjeuner lorsque nous voulons chasser, nous ne sommes pas plus heureux, les hommes prétendent qu'il n'y a rien à faire et qu'il faut remonter le Nil.

Il y a ici des milliers d'oiseaux[1] qui obscurcissent le ciel lorsqu'ils prennent leur vol; à partir de 4 heures des bandes innombrables viennent boire à la rivière et se succèdent avec un bruit d'ailes qui rappelle celui d'une cataracte.

Des éperviers les poursuivent et les harcèlent sans cesse, tandis que, dans l'eau, les crocodiles les guettent prêts à les saisir au moment où, en voletant à la surface, les zarzours cherchent à boire.

Albert leur tire deux coups de fusil avec du plomb n° 4 et en tue quinze. Ce sont de tout petits oiseaux à gros bec qui ressemblent d'assez près aux « Travailleurs » ou « Tisserands ». Il est impossible d'évaluer leur nombre. Ce que je puis affirmer, c'est que, de 4 à 6 heures, je les ai vus passer sans interruption sur une profondeur d'environ 500 mètres et sur une hauteur de 40 mètres. Ahmed, le cuisinier, nous en fait un excellent pilaff; ils sont gras comme des ortolans.

28 *février* (1 h. 30 s., 39°; 2 h. s., 40°). — Nous partons dans le bateau de Mabarak à la recherche des hippopotames; bientôt un gros troupeau est en vue. Le fils aîné de Mabarak se met à l'eau et pousse la barque devant lui, dans la direction des plus gros « Eusit[2] ». Albert en tire un qui fait un bond hors de l'eau. J'en tire un autre au moment où il va plonger. Quelques secondes après, nous revoyons reparaître l'un d'eux; il souffle une vapeur teintée de sang; deux fois encore il reparaît, puis nous cessons de le voir. Mabarak affirme qu'il n'a qu'une blessure insignifiante dont il ne mourra pas. Nous tirons encore quelques cartouches sur les hippos qui soufflent tout près de nous, mais l'instabilité du bateau rendant toute précision impossible, nous regagnons la rive pour retourner au camp.

1. Les Arabes les appellent zarzours, c'est-à-dire moineaux.
2. Nom arabe soudanais de l'hippopotame; on dit aussi Hassint.

Pendant notre absence, nos hommes l'ont installé en face du village de Chérif, à une distance ridiculement petite de notre campement d'hier. Lorsque nous ne sommes pas là, les chasseurs n'en font qu'à leur tête et ce n'est pas Ibrahim qui se plaindrait de la brièveté des étapes. Boutros, lui, qui est pourtant chargé du camp, n'a d'autorité sur personne, tout en murmurant « je marche », il s'arrête au premier geste de Saala.

1er mars (2 h. s., 38°). — Aujourd'hui les tentes se démontent lentement, et c'est péniblement que la caravane se met en route. On peut attribuer cette lenteur à deux causes : d'abord l'absence de toute autorité, Ibrahim n'ayant aucune influence sur ces hommes ramassés n'importe où dans les rues d'Omdurman ; ensuite et surtout parce que Chérif est un village où nos chameliers ont trouvé un accueil des plus hospitaliers. Je me fâche et suis obligé de menacer quelques récalcitrants de ma courbache. Ahmed, le cuisinier, est le seul homme sérieux que nous ayons : sans jamais élever la voix, il ne demande aux gamalas que ce qui est nécessaire, et, la plupart du temps, fait le travail lui-même ou avec Bourjane, son aide de cuisine, qu'Albert appelle tantôt la Bourgogne, Bordeaux, St-Emilion et même Chambertin, et qui répond toujours avec la même bonne volonté.

En somme, il n'y a que trois hommes véritablement dévoués dans le camp : Ahmed le cuisinier, Bourjane et Abassi. Quant à Boutros et à Elias, qui sont des chrétiens, ils ont tous les défauts de leur race, sans avoir les qualités des Mahométans.

A six et demie, nous partons enfin ; à moitié chemin d'Abkouk, nous rencontrons la caravane de Potocki. Il est à la poursuite d'un troupeau de buffles ; mais nous voyons son compagnon de voyage, le docteur Stolzmann, directeur du Muséum de Varsovie. Notre entrevue ressemble un peu à celle de Stanley et Livingstone : « C'est bien au Prince Pierre d'Arenberg que j'ai le plaisir de parler ? » et le docteur nous raconte comment il a tué une lionne et comment Potocki a abattu un éléphant, ainsi que plusieurs grandes antilopes.

Nous chargeons le docteur de nos souvenirs pour Potocki et nous reprenons notre route.

L'endroit où nous devions camper est précisément celui que la caravane de Potocki vient de quitter: mais comme ses hommes ont mis le feu à la brousse avant de s'en aller, nous sommes forcés d'aller dresser nos tentes un peu plus loin.

Nous sortons, vers quatre heures, pour reconnaître le pays, et tandis qu'Adam[1] tient les chevaux en mains, nous faisons quelques pas à pied; mais, comme nous ne voyons pas le moindre gibier, nous songeons à rentrer au camp. M'étant alors aperçu qu'un de mes étriers est tombé, j'appelle Adam et lui dis de reprendre le contre-pied et de rapporter l'étrier. Au lieu d'obéir, il me répond d'un air insolent qu'il ne sait où il est et qu'il n'ira pas. Sans dire un mot, je passe ma carabine à Albert, je saisis Adam par les épaules et d'un bon coup de pied au bas des reins lui indique la direction à suivre. Saala, Soléman et Ali sont gris d'émotion, tandis qu'Adam s'en va, sans répliquer, exécuter mon ordre.

En rentrant au camp, je fais venir Saala et lui signifie qu'à partir de maintenant, Adam ne fait plus partie de nos chasseurs.

Après dîner, nous allons au bord du fleuve, à l'affût des buffles[2], espérant que quelques-uns viendront boire, mais notre espoir est déçu et nous abandonnons la place, heureux de nous soustraire aux piqûres des moustiques qui y sont, en revanche, très nombreux et féroces.

2 *mars* (12 h. 15, 38°; 8 h. 30 s., 25°). — *La matinée* se passe tranquillement; pendant que je dessine, Albert, qui a découvert un miroir dans la pacotille, admire sa barbe; j'en fais autant et nous nous étonnons tous les deux de la rapidité avec laquelle elles se sont développées depuis notre départ.

Après déjeuner, le cuisinier nous fait dire qu'il lui faut absolument de la viande, car il n'a plus ni œufs frais ni lait. Nous partons chacun de notre côté. Au bout d'une demi-heure de marche, je tire un reedbuck[3]

1. Adam ayant répondu insolemment à Albert, celui-ci avait voulu le renvoyer; je l'avais pris alors à mon service en échange de Soléman.

2. En arabe « gamus ».

3. Cervicapra arundinum; en arabe « bachmat ».

à 120 mètres. J'entends la balle frapper, mais l'antilope s'enfuit; nous la retrouvons morte 200 mètres plus loin.

Adam, qui m'a suivi de loin, profite de ce moment pour se jeter à mes pieds et me faire force serments de fidélité. Ali appuie sa demande et je pardonne, non sans avoir fait un long discours dans une langue où l'arabe n'occupe qu'une faible place. Adam a l'air profondément ému et j'en profite pour le charger de rapporter l'antilope au camp. C'est une femelle, elle n'a pas de cornes et ressemble beaucoup à une petite biche.

Je continue ma promenade et Adam nous rejoint bientôt, mais le soleil baissant à l'horizon, je me décide à rentrer au camp.

En traversant la plaine, j'aperçois au loin une antilope; moitié rampant, moitié à genoux, profitant des plus petits accidents de terrain, j'arrive à 60 mètres d'elle; c'est encore un bachmat, mais un mâle cette fois, avec une fort belle tête. Deux touffes d'herbe nous séparent et je n'aperçois que le sommet de la ligne du dos; au moment où je vais tirer, un brin d'herbe sèche craque sous mon genou; intriguée de ce bruit, l'antilope cherche à en reconnaître la cause et lentement s'approche de moi. Quand elle est à trente-cinq pas, voyant bien la tête et le cou, je tire et la tue.

Ali et Adam accourent alors pour lui couper la gorge, puis cette formalité remplie, une des rares prescriptions du Koran qu'ils observent, nous chargeons, non sans peine, car l'animal est lourd, le bachmat sur les épaules des chasseurs, et nous rentrons au camp.

Albert nous y attend; lui aussi a tué un bachmat. Le cuisinier et les hommes sont dans la joie, mais nous ne partageons guère leur plaisir, car la viande du reedbuck est loin de valoir celle de l'ariel et surtout de la petite gazelle rufifrons.

3 *mars* (3 h. S. 41°). — Pendant ma promenade, hier, j'avais remarqué des traces fraîches d'éléphants, aussi, nous sommes partis ce matin de bonne heure. Nous n'avons pas tardé à trouver une piste s'enfonçant vers l'ouest. Nous la suivons rapidement. A 9 heures, Albert, qui marche derrière Adam et moi, aperçoit tout à coup les éléphants à 300 mètres environ; nous mettons aussitôt pied à terre, mais le vent, qui

souffle par bouffées irrégulières, nous force à faire un grand détour; de plus, il n'y a aucun couvert. Les éléphants ont dû nous éventer. Nous reprenons la trace, quand soudain nous en voyons un troupeau devant nous.

Nous renvoyons les hommes et nous partons à sa poursuite; nous sommes bientôt à portée, car les éléphants sont fort occupés à cueillir les fruits d'un gros iglik[1]. Nous les voyons alors distinctement; il y a quatre grandes femelles dont trois sont suivies d'un jeune; le plus petit est de la taille d'une vache bretonne et le plus gros a des défenses qui commencent à poindre.

L'idée de tirer des femelles accompagnées de leurs petits ne saurait venir à l'esprit d'un chasseur, aussi les laissons-nous continuer tranquillement leur chemin. Elles passent tout près de nous et nous sommes surpris de la longueur démesurée de leurs trompes qui touchent presque le sol, bien que l'extrémité en soit relevée de près de 50 centimètres. Aucune de ces femelles n'a la moindre défense, du moins visible.

Dès qu'elles se sont éloignées, nous retournons vers le camp où nous arrivons à 2 heures, après avoir parcouru environ 40 kilomètres.

4 *mars*. — Albert part sur le Nil, avec Mabarak, pour tâcher de tuer un hippopotame. Ce genre de sport ne m'amuse pas beaucoup; deux tireurs ne peuvent que se gêner dans le bateau, et de plus, comme je ne sais pas nager, je n'ai pas envie de courir les risques d'un bain forcé. Je vais à cheval chercher des pistes de buffles ou de grandes antilopes. Au bout d'une heure, je vois une zariba au pied de grands baobabs. Un chasseur indigène, qui l'habite, me dit qu'il y a une portée de lionceaux dans le pays. « C'est dans le 'Hor[2] Edinia, près d'Adissa », ajoute-t-il. Il ne sait d'ailleurs la chose que par ouï-dire; il paraît cependant que des chercheurs de miel ont vu les lions.

En rentrant à travers le bois, j'aperçois un troupeau d'ariels à l'ombre d'un grand arbre, au bord d'une clairière. Sur le fond sombre du

1. Balanites ægyptiaca.
2. Vallée.

bois, un beau mâle se détache, je tire et dès que la fumée s'est dissipée, je m'aperçois que je lui ai brisé l'épaule. Sur trois pattes, péniblement, il passe devant moi et se dirige vers ma droite. Pensant qu'il ne tardera pas à tomber, je ne cherche pas à le tirer une seconde fois; mais bientôt je me rends compte qu'il reprend des forces et continue de plus en plus vite. Je tire alors, mais la balle siffle inoffensive à ses oreilles. J'appelle aussitôt les hommes et je crie à Ali de chercher à lui couper le jarret. Adam me jette la bride du poney blanc et part aussi à la poursuite. Mais, 50 mètres plus loin, il saute à terre pour couper la gorge à une gazelle traversée de part en part par une balle. Je m'approche, et comme je manifeste ma surprise : « C'est une femelle, me dit Adam, Ali est à la poursuite du mâle ».

Au même instant, un faon, caché dans l'herbe, bondit près de nous et je vois qu'il a au flanc une large tache sanglante. La pauvre petite bête fait 100 mètres et tombe étouffée. C'est la troisième victime faite par mon premier coup de fusil. Ali revient alors un peu penaud : il a perdu la trace de l'ariel.

J'ai souvent remarqué ici, chez les animaux blessés, que le sang qui jaillit d'abord abondamment de la blessure, cesse rapidement de couler, surtout si l'animal tombe sur sa plaie, car la terre étanche le sang presque aussitôt.

Les hommes se mettent à l'ouvrage et, en peu de temps, les gazelles sont dépouillées, dépecées, et les morceaux rentrés dans la peau qui sert de sac. Seules les entrailles sont laissées sur place pour servir de régal aux vautours.

Nous regagnons alors le camp, où je trouve une lettre très aimable de M. Z..., de Roseires; il me prévient qu'il n'y a pas le moindre gibier de son côté et me laisse entendre qu'il est inutile d'aller plus loin. Je reçois en même temps deux dépêches d'Ali Hassan qui va bien maintenant et se prépare à nous rejoindre.

En attendant Albert, qui ne rentre pas, je me fais couper les cheveux et tailler la barbe. Cette opération est à peine terminée que le cheik Ibrahim vient m'annoncer qu'Albert a tué un hippopotame. C'est un indigène qui vient de le lui apprendre. Je demande à le voir :

« L'étranger a tué un vieux mâle, me dit-il, ils sont en train de le ramener ».

La rapidité avec laquelle les nouvelles se transmettent ici est

HIPPOPOTAME TUÉ PAR ALBERT

incroyable. Je fais seller les chevaux et je pars aussitôt pour la muchera.

Après une heure d'attente, la feluca apparaît, remorquée par un grand bateau à voiles. Je cours au bout du banc de sable : « Tu as tué? Est-il beau? » Albert fait le modeste : « Un tout jeune, gros comme un veau ».

Mais déjà Mabarak et ses fils me crient : « Kebir ya Brinz, el Kont edrobou kwais ketiiiir[1] ».

De tous les côtés nous voyons accourir des indigènes; jamais nous n'aurions cru la contrée si peuplée. Albert saute à terre et nous rentrons rapidement déjeuner.

Pendant les deux premiers plats, j'ai grand'peine à obtenir quelques réponses d'Albert; mais, la faim commençant à se calmer, il me fait le récit suivant :

« Lorsqu'il a tiré le grunti[2], celui-ci a foncé sur la barque et a cherché à la chavirer, il n'a pu être tenu à distance que par un feu roulant. Pendant ce temps, Mabarak, nu jusqu'à la ceinture, après avoir mis son chapelet autour de son cou, attendait une occasion propice pour harponner[3]. Elle n'a pas tardé à se présenter; lancé avec une grande précision, le fer pénétra profondément; et lorsque le flotteur devint immobile, le fils aîné de Mabarak se laissa glisser par-dessus le bord et attacha les pattes de l'animal; on l'a hissé ensuite presque jusqu'à la surface de l'eau. »

Albert est enchanté de sa chasse et je comprends sa satisfaction, car, lorsque nous allons au bord du fleuve, nous pouvons constater que c'est un hippopotame énorme; la tête seule mesure 1 m. 25 (des naseaux à la ligne des oreilles) et il a plus de 4 m. 50 de la tête à la queue. Malheureusement ses dents sont usées.

Mabarak commence à le dépouiller pour conserver la viande. Pendant qu'on prépare le séchoir, Abassi va de l'un à l'autre, donnant un conseil par-ci, un encouragement par-là, vraie mouche du coche, et se repose ensuite de ses fatigues en allant avaler une douzaine d'œufs de crocodiles dans le bateau de Mabarak.

5 *mars* (6 h. m., 9°; 1 h. 30 s., 39°; 8 h. s., 31°). — La température

1. Il est très grand, Prince, et le Comte l'a très bien tué.

2. Encore un nom soudanais de l'hippopotame.

3. Le harpon consiste en une hampe de bambou munie à son extrémité d'un crochet de fer relié lui-même par une longue corde à un flotteur en bois d'ambatch. Aussitôt qu'il sent le harpon s'enfoncer dans sa chair, l'hippopotame cherche à s'enfuir, mais le flotteur indique sa position. Lorsqu'il n'y a plus aucun mouvement, c'est que l'animal est mort.

MABARAK S'APPRÊTAIT A HARPONNER L'HIPPOPOTAME

est terriblement froide ce matin ; je pars dans l'intention de chercher des traces, mais ne trouvant rien, je rentre de bonne heure au camp et je vais à pied jusqu'à l'endroit où l'on dépèce l'hippopotame. André et Moulin m'accompagnent avec leurs fusils; nous traversons la plaine, mais un peu avant de m'engager dans les grandes herbes qui nous séparent de la rivière, je m'attarde à examiner une araignée très curieuse. Persuadés que je marche derrière eux, les deux valets de chambre continuent leur chemin. Tout en regardant mon insecte, je suis leurs traces; mais soudain, en levant les yeux, je m'aperçois qu'il n'y a plus de sentier devant moi. Le fleuve ne peut être loin et je continue tout droit. Bientôt pourtant les roseaux deviennent si épais que je suis obligé de me frayer un passage avec mon couteau de chasse. Les herbes deviennent de plus en plus hautes (elles ont près de 3 mètres), de plus en plus denses; la chaleur est intolérable. Je me mets alors à ramper à plat ventre dans les coulées faites par les animaux, mais je suis bien vite arrêté et ne puis ni avancer ni reculer. J'ai perdu ma direction, car l'épais feuillage m'empêche de voir le soleil. J'appelle. Pas de réponse. Heureusement, j'ai ma boussole et, à force de patience, j'arrive à sortir des roseaux. Il était temps, car j'étais à bout de forces.

L'excellent Maharak me prépare à l'ombre du séchoir un angarip. La viande d'hippopotame empoisonne l'air de son odeur infecte; j'y reste cependant trois quarts d'heure à me reposer.

Vers trois heures, nous allons sur la rivière, Albert tue trois bec-ouverts et je blesse une oie, qui plonge, mais elle est capturée par Ahmed, le fils de Maharak, après une lutte magnifique entre deux eaux.

Le cuisinier nous a préparé pour le dîner un hochepot de queue d'hippopotame; c'est excellent et presque comparable à du bœuf.

6 *mars* (2 h. s., 39°). — Nous partons de bonne heure pendant qu'on lève le camp, pour chercher des pistes fraîches. A neuf heures, n'ayant rien trouvé, nous arrivons à Adissa, et le cheik du village, Bilal, nous donne des renseignements sur le gibier. Il n'y a pas de buffles, mais les éléphants viennent souvent boire à l'étang; il nous promet des

hommes pour nous accompagner; c'est près d'ici que l'on a vu les lionceaux.

7 *mars* (1 h. s., 41°). — Précédés des trois chercheurs de miel qui ont vu dernièrement les lions, nous nous mettons en route de bonne heure. Après avoir suivi longtemps le 'Hor Edinia, dans un pays où les grands arbres abondent et très différent de celui que nous avons traversé jusqu'ici, nos guides nous font mettre pied à terre. Lentement ils s'approchent d'un énorme baobab au tronc creux et regardent dans la cavité. Il n'y a rien, mais il est facile de voir que les lions ne l'ont quitté que depuis peu; la trace de leurs pas est nettement imprimée sur la cendre chaude. Nous maudissons les chercheurs de miel qui ont mis le feu à cette partie de la forêt, mais toute poursuite est inutile, car les lions doivent être loin, et nous reprenons le chemin du camp.

Le chef du village voisin, Fadl-Allah, vient nous présenter ses hommages. Comme tous les gens de cette partie du pays, c'est un nègre d'un beau type; son frère, qui lui sert d'aide de camp, l'accompagne.

Nous causons longuement et, tout en leur montrant dessins et armes, je les questionne sur le gibier que l'on peut trouver ici. De l'autre côté de la rivière, nous trouverons, nous dit-il, des antilopes en masse et il nous propose de nous y conduire demain.

8 *mars* (2 h. s., 41°). — Mabarak étant resté à Abkuk pour achever le sechage de la peau et de la viande de l'hippopotame, nous sommes obligés d'emprunter un bateau pour faire traverser la rivière à nos chevaux. L'embarquement de Piperlin ne se fait pas sans de grandes difficultés et tout notre monde n'est réuni sur la rive que vers dix heures. Nous nous mettons en route en compagnie de Fadl-Allah et de son frère. Le pays qu'ils nous font traverser est ravissant : les arbres y sont magnifiques ; les baobabs succèdent à des palmiers hauts de 20 mètres et à des terters qui ressemblent à des platanes. Mais bientôt nous tournons vers l'est et, après trois heures de marche rapide, nos guides commencent à se troubler; le frère de Fadl-Allah grimpe, comme le Petit Poucet, au sommet d'un iglik et redescend perplexe. Nous continuons

À LA RECHERCHE DES LIONS

cependant dans la même direction, et nous trouvons enfin une clairière, où l'on voit des traces de marais; vingt minutes après, nous sommes à destination.

Il y a ici un campement de chasseurs fort misérables.

Nous dessellons les chevaux et nous les attachons près d'une flaque d'eau noirâtre, toute grouillante d'insectes, mais entourée d'herbes verdoyantes, que les chevaux dévorent avec avidité. Puis je sors de mes fontes une boîte de conserves et quelques biscuits auxquels nous faisons honneur. Enfin à quatre heures, nous partons, mais à pied cette fois; l'endroit où nous devons trouver le gibier est « gerib[1] », il n'en est pas moins près de cinq heures et demie, quand après avoir suivi une succession de 'hors[2] et de clairières, et fait lever des bandes de dik-dik et de bachmats, nous apercevons enfin un troupeau d'antilopes rouannes.

« AB 'URF », ANTILOPE ROUANNE DE BAKER

Elles sont une dizaine, superbes, avec leur longue crinière; lentement, je m'approche presque en rampant, mais les bachmats, dont les cris ressemblent beaucoup aux sifflets des locomotives, donnent l'éveil aux Ab 'Urf[3]. Craignant qu'ils ne s'enfuient, je me décide à tirer, et choisissant un vieux mâle, je le vise à l'épaule. Je me jette aussitôt à plat ventre sous la fumée pour voir l'effet de mon coup de fusil, et je m'aperçois que l'antilope a tourné au moment où je tirais. La balle l'a atteinte à la hanche. Pour leur couper la retraite, je fais alors un grand détour à mauvais vent, pendant qu'Albert va se poster sur le bord du 'hor. Ma manœuvre réussit admirablement et le troupeau lui passe au trot à quarante pas. Albert tire d'abord le mâle blessé qui s'affaisse, se

1. Près.
2. Ravin.
3. Antilopes rouannes en arabe soudanais.

relève et continue péniblement sa course; puis deux autres antilopes, qui roulent à terre. Sans se presser, et se croyant sûr de trouver ses victimes, Albert, suivi de Saala, gagne tranquillement l'endroit où elles étaient tombées; à sa grande stupéfaction, elles ont disparu. Mais comme il est six heures un quart et comme la nuit arrive très vite, force nous est d'abandonner les recherches.

Alors, commence un retour dont je me souviendrai toute ma vie. Nous sommes à plus de douze kilomètres du lieu où nous avons laissé Ali avec les chevaux et décidé de camper. La chaleur est horrible et l'obscurité complète. Au lieu de suivre le 'hor, les indigènes qui nous conduisent, sous prétexte d'abréger la route, nous font passer à travers bois. Ils marchent vite et nous les suivons à la file indienne. Les branches épineuses nous fouettent le visage et les mains : « Chouk[1] », crie le guide et les hameçons crochus des nabbaks pénètrent dans la peau et les vêtements.

Le terrain rempli decrevasses ressemble à un champ labouré après une forte gelée; parfois on enfonce jusqu'aux genoux. Nous souffrons horriblement de la soif; les girbas[2] des hommes sont vides, l'eau saumâtre du marais même serait la bienvenue. Il m'est impossible de dire combien de temps nous avons marché. Trois fois je tombe et, sans force pour me relever, j'insiste auprès d'Albert pour qu'on n'aille pas plus loin; dès qu'il fera jour, nous pourrons retrouver notre chemin; pour le moment, nos guides ont perdu leur direction et errent à l'aventure. Mais Albert me remet sur pied et m'encourage : le camp doit être tout près, il ne doit plus y avoir que quelques pas à faire. Péniblement, nous reprenons notre marche, nous allons, automatiquement, sans plus rien éprouver qu'un besoin intense de sommeil. Albert tombe à son tour et ne cherche pas à se relever. En voulant l'aider, je butte dans la même crevasse et m'étale à côté de lui. Sans dire un mot, nos hommes, Fadl-el-Allah et les guides se couchent également; nous sommes tous exténués.

Ce qui s'est passé ensuite, je ne me le rappelle guère. Le seul souvenir

1. Épine.
2. Outre.

que j'ai conservé c'est de m'être trouvé sur les bords du 'hor, répétant comme dans un rêve : « Marchons! marchons ».

Enfin, dans le lointain, nous entendons un cri. Dieu soit loué! c'est Ali qui s'inquiète de notre longue absence. A ce moment, les nuages s'entr'ouvrent, la lune parait, et nous apercevons le camp, à deux pas, avec son feu allumé. Ali, qui nous voit à son tour, accourt au-devant de nous accompagné d'un Arabe; et tous les deux nous soutiennent jusqu'auprès du foyer. Nos couvertures sont étendues sur des lits d'herbes sèches, qui nous paraissent moelleux. « Les gourdes, Ali! El hamdou lillah![1]. » Et pendant que nous buvons à longs traits le thé glacé, Ali nous masse les pieds et les jambes avec une adresse extraordinaire.

Albert s'endort aussitôt sans rien manger. Bien que tombant de sommeil, je dévore cependant une aile de pintade rôtie par Ali, puis, comme il ne nous reste plus de thé, je fais bouillir de l'eau du marais. Albert, que le feu a réveillé, me prête un mouchoir et je filtre l'infect mélange de vase et d'eau, qui sera peut-être le bienvenu demain. Nous dormons ensuite sans bouger jusqu'aux premières lueurs du jour.

9 *mars*. — Nous sellons nos chevaux et nous repartons à la recherche des Ab'Urf. Des hachmats et des dik-diks innombrables bondissent devant nous en poussant des cris stridents. Nous mettons pied à terre et nous apercevons bientôt un troupeau de ces magnifiques antilopes rouannes; mais le vent est si mauvais, qu'elles nous sentent et je me décide à tirer à plus de 200 mètres. J'entends ma balle frapper; Albert tire aussitôt et son antilope tourne dans le 'hor avant de suivre le troupeau. Il y a deux traces de sang et tandis que je perds la mienne, Albert trouve son antilope mortellement blessée; elle a encore la force de charger les chasseurs et, Mohamed, le frère de Fadl-el-Allah, fausse sa lance en essayant de l'achever. Une balle qu'Albert lui tire, au moment où elle vient sur lui, met fin à ses souffrances.

1. Dieu soit loué!

MORT DE L'ANTILOPE ROUANNE

Pendant qu'on dépouille l'antilope, qui est une vieille femelle, nous jouons à l'ombre avec deux petites guenons que j'ai achetées à un des indigènes; elles sont très drôles et au moindre bruit se réfugient dans les bras l'une de l'autre.

Nous repartons à dix heures et demie. La chaleur est très forte, le canon de ma carabine me brûle à travers mes gants. Notre escorte est vraiment curieuse; les chevaux disparaissent sous la viande et la peau de l'antilope. Saala a mis une des guenons dans son caleçon, pour paralyser ses mouvements, et la petite tête drôle lui fait des grimaces horribles; Ali a placé l'autre sur le pommeau

de sa selle; elle est beaucoup plus tranquille et plus douce.

Après avoir longtemps marché, nous arrivons à Magangani; le cheik du village nous apporte de l'eau sucrée que nous buvons à longs traits; nous remplissons les gourdes d'eau fraîche après avoir jeté le liquide horrible qu'elles contenaient.

Il est quatre heures quand nous arrivons au camp d'Adissa. J'y trouve une lettre de M. Z. de Roseires, qui me propose du champagne, du

RETOUR DU 'BOS MERASA

grain et des animaux de charge et me transmet un télégramme de Khartoum m'intimant l'*ordre* de remettre aux autorités anglaises une copie des cartes que je pourrais faire.

Je réponds aussitôt que je suis désolé de ne pouvoir lever des cartes, n'ayant ni les instruments nécessaires, ni les connaissances suffisantes pour mener à bien un travail de ce genre.

Nous couvrons de cadeaux Fadl-el-Allah, son frère et Bilal. Cotonnades, miroirs, verroterie même sont accueillis avec un égal enthousiasme. Fadl-el-Allah nous promet, en retour, de nous envoyer les têtes des antilopes blessées, dans le cas où on les retrouverait, mais j'ai tout lieu de croire qu'il ne s'en est jamais occupé.

Cette nuit, Abassi a été réveillé par une hyène qui est venue le flairer; il a eu une peur atroce et ses cris de terreur ont mis tout le camp en émoi.

10 *mars*. — C'est aujourd'hui que va commencer le retour. Nous discutons longuement sur l'opportunité de prendre pour revenir un autre chemin, soit par Djebel Aïn sur le Nil Blanc, soit par l'autre rive du fleuve. Nous décidons enfin de suivre en sens inverse le chemin déjà parcouru, en nous arrêtant aux endroits où nous avons vu du gibier, et, à sept heures, nous levons le camp pour retourner à Abkuk.

C'est avec regret que nous quittons le grand sycomore au pied duquel nous avons campé, le « Moyet 'Adissa'[1] » avec les beaux arbres qui l'entourent et qui donnent à ce pays l'aspect d'un parc anglais.

Pendant que la caravane suit la route ordinaire, nous faisons vers l'ouest un détour dans le bois. Au bout d'une heure de marche, Soléman siffle doucement. « Va tirer », me dit Albert à voix basse. Ce sont trois phacochères qui, très occupés à déraciner un arbuste à cent mètres de nous, ne se sont pas aperçus de notre présence. Je m'en approche et, à soixante-cinq mètres, j'abats le plus gros; je vise l'un des deux autres qui s'éloignent lentement, quand j'entends tout à coup un galop de charge derrière moi : ce sont nos chasseurs qu'Albert cherche en vain à retenir. Je tire alors à la hâte et j'ai la satisfaction de voir rouler le deuxième « hallouf[2] ». Tandis qu'Ali et Soléman s'élancent pour lui couper la gorge, nous assistons à une scène ridicule; le premier phacochère à qui Saala a tranché le jarret, se relève et charge avec fureur Adam qui s'escrime maladroitement avec son sabre. Deux fois il le touche légèrement, mais je suis obligé d'intervenir et d'achever la pauvre bête d'un coup de carabine. En l'examinant, je constate que ma première balle, un peu haute, au lieu d'atteindre l'omoplate, n'a fait que traverser le garrot, ce qui explique la paralysie momentanée. Comme je l'ai déjà dit la haute crinière de ces animaux fait croire qu'ils sont beaucoup plus épais de corsage qu'ils ne le sont en réalité. Soléman et

1. Lac d'Adissa alimenté par le 'Hor Edinia
2. Sanglier.

Ali reviennent bientôt en trainant le second sanglier; comme le premier, il est de taille ordinaire : ce sont probablement des « tiers an ». Leur chair n'en fera pas moins un excellent rôti; on les dépèce rapidement et les chasseurs couvrent leurs montures de quartiers de viande. Le cheval de Saala ne se soumet cependant qu'avec beaucoup de peine à ce chargement : il est sans doute meilleur mahométan que son maitre; mais Ali m'explique que le « hallouf » n'est pas un « khanzir[1] ».

Il est près de onze heures et nous nous hâtons de rejoindre le camp. N'ayant plus envie de chasser, car notre provision de viande est faite,

PHACOCHÈRE

Albert et moi restons en arrière et cheminons côte à côte, quand soudain le cri « Doud[2] » nous fait sauter à terre, carabine à la main. La 577 d'Albert ne basculant pas, il court en toute hâte prendre sa 303. Un instant après Adam est près de nous, son sabre nu à la main, et Soléman le rejoint presque aussitôt, pendant que les deux autres restent prudemment à tenir les chevaux. Nous voyons alors au pied d'un nabbuk trois lionceaux, gros comme de jeunes chiens. Tout autour, l'herbe est haute de deux mètres : en cas de retour soudain des parents, nous serions en fort mauvaise posture, car il est impossible de voir à plus de

1. Cochon.
2. Doud, dabi, noms indigènes du lion.

cinq mètres devant soi. Après avoir échangé quelques mots à voix basse, nous courons nous placer, la carabine armée, chacun d'un côté de l'arbre. Pendant ce temps Adam et Soléman s'emparent des lionceaux et les emportent dans leurs caleçons, dont ils ont noué les extrémités.

Nous remontons alors à cheval, Albert protégeant l'arrière-garde et moi en tête avec nos carabines chargées, prêts à sauter à terre au premier mouvement suspect dans les hautes herbes. Nos hommes sont silencieux, mais les lionceaux poussent des miaulements qui doivent s'entendre de fort loin. A mesure que nous approchons du camp, les hommes recommencent à parler; Ali, seul, jette des regards inquiets autour de lui; il est loin d'être brave et il a même la curieuse propriété, quand il a peur, de déteindre sur les objets qu'il porte, si bien que l'étui de ma lorgnette qu'il porte, de jaune qu'il était est devenu tout à fait noir.

Aussitôt arrivés aux tentes, Albert commence le métier de dompteur pendant qu'avec André, j'utilise, pour faire des colliers, les restes d'un licol. L'après-midi se passe à construire une cage avec deux vieilles caisses qui contenaient les bonbonnes d'acide sulfurique pour l'appareil à glace et dont Albert n'avait jamais voulu se séparer.

11 *mars* (6 h. 30 m., 4°; 3 h. s., 38°). — Nous attendant à recevoir la visite des parents de nos lionceaux, nous avions donné l'ordre à des hommes de garde de rester aux aguets toute la nuit, mais rien n'est venu troubler notre sommeil.

Comme nous voulons tirer des éléphants, nous décidons de continuer notre route, et, après avoir chargé la caisse des lionceaux sur un chameau et remis les singes à Mabarak, nous partons pour Haroun.

En arrivant dans la plaine, Albert, qui marche en tête, aperçoit une ariel. Nous descendons de cheval et Albert me fait signe de tirer pendant qu'il va lui couper la retraite, dans le cas où je la manquerais. Je vois alors qu'il y en a trois dont la plus grosse, qui est la plus près de moi, se trouve environ à 90 mètres. La balle l'atteint à l'épaule et elle tombe raide: les autres s'éloignent puis s'arrêtent. Albert les voit alors et tire; elles sont à 250 mètres de lui; la balle passe un peu au-dessus et fait en rencontrant le sol un nuage de poussière qui lui permet de rectifier le tir. Je cours le rejoindre et, muni de ma longue vue, je marque les coups : « au garrot! — au pied gauche de devant — à la cuisse! » La gazelle alors se couche et Albert dirige ses coups sur la troisième qui continue à paître sans se troubler. Elle est à près de 300 mètres; n'ayant plus de cartouches pour la 303 Albert prend sa 577. Ses trois

ALBERT S'OCCUPE DES LIONCEAUX

balles atteignent la gazelle : la première au genou, la seconde à la cuisse et la troisième traverse le corps de part en part, ce qui ne l'empêche pas de s'enfuir. Ali la rejoint à grand'peine, tandis que deux hommes à cheval s'élancent à la poursuite de la première victime qui s'est relevée; ils ne parviennent à la forcer qu'après un bon temps de galop.

Ce sont trois m'gaba mâles ; celle que j'ai tirée a une très belle tête, mais les deux autres, plus jeunes, seront bien meilleures à manger.

Nous les chargeons sur un chameau et nous allons camper près d'un buisson de nabbuks à l'ombre duquel nous déjeunons; nous passons notre après-midi à nous occuper des lionceaux.

Nous nommons le mâle « Bachmat », la femelle la plus claire « M'gaba », la plus foncée « Ensit ». Celle-ci est la plus sauvage : dès qu'on veut la saisir, elle se défend à coups de griffes et de dents.

12 *mars* (6 h. m., 6°; 9 h. 30 s., 14°). — Ayant vu hier des traces de buffles, nous partons de bonne heure à leur recherche. Nous rencontrons bientôt une trace fraîche et nous la suivons longtemps; elle nous mène au bord de la rivière, dans un fourré tellement épais, qu'on ne peut, dans les endroits les plus clairs, voir à plus de quinze mètres devant soi; les buffles nous éventent et il nous est impossible de de les approcher.

Les nuits sont maintenant très fraîches et nous sommes heureux d'avoir de bonnes couvertures.

13 *mars* (6 h. m., 5°; 2 h. s., 38°; 7 h. 30 s., 23°). — Nous montons à cheval à 5 heures pour tâcher de rejoindre les buffles avant qu'ils ne rentrent dans les épais fourrés où nous n'avons pu les atteindre hier. Cette fois encore nous arrivons trop tard, et nous décidons de les attendre, le soir, quand ils viendront boire à la rivière.

Albert s'embarque avec Mabarak, pendant que je remonte dans le bois, en quête de gibier pour les lionceaux à qui il faut de la viande fraîche tous les jours. J'aperçois bientôt deux bachmats et je les approche facilement en me dissimulant derrière une termitière : le premier tombe raide en recevant la balle qui lui traverse l'épaule. Le second ne sachant d'où vient le bruit passe à trente pas de moi; je le tue et mes hommes accourent pour trancher la gorge des victimes, ce sont deux femelles.

Albert rentre au camp sans avoir pu approcher les hippopotames.

Ali Hassan arrive à 2 heures et demie; il va tout à fait bien maintenant, mais il est très amaigri. A peine descendu de cheval, il appelle les chasseurs et les abreuve d'injures; tout son répertoire y passe et la langue arabe est riche. Saala déclare alors que s'il ne nous a pas fait voir le gibier et surtout d'éléphants, c'est qu'il a peur que nous ne soyons tués. Nous ne nous mêlons pas à cette discussion, car il y a longtemps que notre opinion est faite; nos hommes ont reçu des ordres de X..... qui, ne cessant de chasser, craint que nous ne détruisions le gibier de « ses réserves ». C'est pour cette raison que Saala, fidèle à ses instructions, a toujours cherché à nous empêcher de tirer. C'est pour cela aussi que nous ne l'écoutons jamais et que nous lui avons même interdit de parler lorsque nous chassons. Sans lui, en effet, Ali et Adam seraient plus disposés à suivre les traces et Soléman est hésitant.

Après dîner, nous allons à l'affût des buffles, mais nous ne voyons rien. A dix heures et demie, n'étant pas bien portant, je rentre au camp; Albert me rejoint à minuit et avale avec joie un grand verre de thé froid que je lui ai préparé. Les buffles ne sont pas venus, mais une hyène est passée à quelques mètres de lui; comme un lion venait de rugir tout près quelques minutes avant, il a éprouvé une sensation plutôt désagréable.

14 *mars* (7 h. m., 19°; 2 h. s., 38°). — Ce matin je ne vais pas beaucoup mieux et je fais installer un hamac[1] à l'ombre des nabbuks où je reste étendu jusqu'à midi.

A deux heures nous décidons de lever le camp et nous ne nous arrêtons qu'en face de Chérif.

15 *mars* (6 h. 30 m., 23°; 3 h. s., 40°; 9 h. s., 28°). — Ali Hassan, qui veut prouver qu'il est bon à quelque chose, a pris sur lui d'envoyer Saala en reconnaissance pour chercher des pistes fraîches d'éléphants. Le résultat était certain d'avance, Saala n'a rien vu. Albert part alors avec Mabarak pour tirer des hippopotames et je fais un tour à cheval pour chercher un ariel, car la viande des bachmats n'est pas fameuse. Je ne vois pas de gazelles, mais je reconnais une piste d'éléphants qui date de la nuit précédente.

1. Ce hamac était formé d'un des filets servant d'ordinaire à fixer des bagages sur le bât des chameaux.

En suivant le contre-pied, je me rends compte qu'ils sont allés boire à la rivière et que Saala, s'il s'était donné la peine d'aller à la muchera, aurait certainement vu leurs traces.

En rentrant au camp, j'apprends qu'Albert a tué un hippopotame, c'est une « Baggar[1] », de belle taille, mais bien moins grosse que le mâle tué dernièrement.

Après déjeuner, nous allons à la rivière pour décider ce que nous voulons faire de la viande. Nous en faisons trois parts, une pour les chameliers, la seconde pour les chasseurs et la dernière pour les hommes de Maharak. J'ai apporté à celui-ci un hameçon à requins, mais il préfère prendre les crocodiles avec un instrument plus simple : un morceau de bois dur bien aiguisé aux deux bouts et long de 20 centimètres, est attaché à une longue corde et recouvert d'un morceau de viande; le crocodile avale le tout et le bâtonnet se met en travers de la gorge lorsque l'on tire la corde.

En rentrant au camp, Abassi me signale une ariel qui paît dans la plaine. Le soleil est couché; craignant que la nuit n'arrive et ne m'empêche d'approcher davantage, je tire à 100 mètres. Ma première balle, trop courte, frappe la terre à 10 pas de la gazelle; je double aussitôt avec la même prise de mire et la bête tombe, les épaules traversées.

Les cartouches de la 450 sont mal faites; j'ai dû en mettre de côté plus de cent qu'il était impossible d'introduire dans la carabine.

16 *mars* (6 h. 30 m., 23°,5; 2 h. s., 39°). — Comme nous n'avons qu'une confiance très limitée dans les rapports que nous font nos hommes, nous décidons d'aller nous-mêmes à la recherche de pistes d'éléphants. Après avoir visité les mucheras, nous nous enfonçons dans la forêt en nous dirigeant vers l'ouest. Nous espérons y rencontrer un troupeau resté à proximité de la rivière. Après trois heures de marche, n'ayant rien vu, nous nous décidons à chercher des gazelles. Chemin faisant, je vois un beau phacochère, puis une ariel que je manque; enfin, dans une clairière, je tire un phacochère qu'Albert achève. Après l'avoir

1. Littéralement « vache », nom que l'on donne aux femelles.

ÉLÉPHANT BLESSÉ CHANCELLE

dépouillé et en avoir réparti la charge entre les différents chasseurs, nous rentrons au camp.

Là, après avoir convoqué tous nos shikaris, nous annonçons à Saala qu'il n'est plus à notre service et qu'il pourra s'en aller quand il voudra. Nous lui interdisons même de pénétrer dans le camp. A cette nouvelle Ali et Adam sont dans la joie. Soléman, qui n'est pas expansif, ne dit rien, mais je crois qu'il est enchanté de notre décision.

17 *mars*. — Mabarak est venu à minuit nous annoncer que les éléphants sont venus boire tout près de son bateau, et Ali, parti en reconnaissance avant le jour, a vu les traces d'un grand troupeau. Dès cinq heures et demie, nous nous mettons en route, suivis par Bachit[1] et un gamala qui conduisent un chameau portant deux outres d'eau. Nous prenons aussitôt la piste et nous la suivons pendant deux heures, mais en traversant une grande clairière, Adam, qui marche en tête, tombe en défaut; aidé de Soléman, il le relève bientôt et nous continuons à nous enfoncer dans la forêt de mimosas, aux troncs rouges et blancs.

Nous sommes maintenant tout près du troupeau; les arbres déracinés et les branches fraîchement cassées sont encore imprégnées de l'odeur caractéristique des éléphants. Soudain, Adam signale le troupeau : une dizaine de masses grises s'éloignent lentement devant nous. Nous mettons aussitôt pied à terre, mais le vent est extrêmement irrégulier. Il souffle, tantôt du Nord, tantôt de l'Est et, malgré toutes nos précautions, les éléphants nous éventent.

Au moment où nous revenons, assez déçus, vers les chevaux, le vent tourne au Sud et nous apporte de cette direction le coup de trompette d'un éléphant. Nous repartons aussitôt; je marche en tête suivi d'Albert et d'Adam qui porte nos secondes carabines; les autres chasseurs ont refusé de venir avec nous.

Ici, la forêt est beaucoup plus claire que près de la rivière, les buissons d'épines sont rares et peu touffus avec, de loin en loin, des bouquets d'herbe assez haute et dense. Tout à coup j'aperçois un éléphant : il

1. Neveu d'Ibrahim.

paraît énorme et l'on voit ses défenses. En quelques mots échangés à voix basse, nous prenons nos dispositions d'attaque. Albert tirera le premier et, s'il est nécessaire, je tirerai ensuite.

Lentement, nous nous en approchons; ses grandes oreilles qu'il agite indiquent qu'il ne s'aperçoit pas de notre présence. Albert est à huit mètres de lui, et je suis à une vingtaine de pas à sa droite. Tout à coup une détonation retentit; l'énorme bête chancelle, puis se tourne vers Albert; sa trompe s'étend presque au-dessus de la tête de mon compagnon. Je tire aussitôt; l'éléphant tourne pour s'enfuir; Albert en profite pour lui envoyer une balle dans la joue, puis court chercher sa 303.

Je recharge en courant et je suis l'éléphant; il tombe deux fois, ce qui me fait gagner un peu de terrain, puis il tourne à droite et me passe en plein travers à quarante mètres. Une première balle dans l'épaule l'arrête et une seconde dans le cou le tue raide. Albert me rejoint alors et nous allons examiner la victime. C'est une vieille femelle, très grande, mais que je ne puis malheureusement pas mesurer exactement, ses jambes étant repliées[1].

Adam accourt en poussant des hurlements de joie, puis Ali et Bachit arrivent à leur tour au grand galop en hurlant également, tandis que Soléman, plus posé, les suit de loin. Nous décidons aussitôt d'envoyer au campement un homme à cheval pour demander des chameaux qui apporteront de l'eau et remporteront la viande. Puis nous nous occupons de construire un abri pour nous garantir du soleil. Tout à coup nous entendons un fracas de branches brisées et d'herbes foulées; nous saisissons nos carabines et montant sur l'éléphant mort, nous voyons un troupeau qui vient sur nous; il y a trois femelles et un mâle; lui seul a des défenses moins belles d'ailleurs que celles de notre victime. Albert lui tire deux balles et moi une; il s'affaisse lourdement, mais se relève bientôt pour suivre péniblement les « baggars ».

Nous courons à sa poursuite et nous suivons sa trace au sang qu'il

1. Je l'ai mesurée approximativement avec une perche et une ficelle, elle avait environ 3 m. 20 au garrot.

perd abondamment et aux profonds sillons que sa jambe de derrière creuse dans la terre. Au bout d'une heure de marche inutile, nous revenons à l'éléphant mort; nous mangeons quelques biscuits, puis nous repartons à cheval sur la piste de l'éléphant blessé. Nous allons ainsi deux heures durant, mais bien qu'il perde beaucoup de sang et qu'il ait le foie traversé, nous ne pouvons le rejoindre; nous abandonnons la poursuite et nous retournons à l'endroit où est tombé le premier éléphant. Tout notre monde est là; nous confions à Mabarak le soin de prélever les morceaux de viande et de peau que nous désirons conserver et nous reprenons le chemin du camp, où nous arrivons à dix heures, le visage déchiré par les épines et les vêtements en loques. Le casque d'Albert est complètement déchiqueté.

18 *mars* (2 h. s., 41°). — La matinée se passe tranquillement. En attendant le retour de Mabarak, Albert s'occupe des lionceaux et je dessine. La journée d'hier comptera parmi les meilleures de notre voyage. Nous sommes d'accord pour dire que la chasse de l'éléphant est de toutes celles que nous avons faites de beaucoup la plus passionnante. On parle souvent de l'émotion ressentie quand on entend pour la première fois rugir un lion, elle n'est, à mon avis, pas comparable à celle que produit le cri de l'éléphant.

Mabarak arrive vers midi, il a été obligé de menacer de son fusil une centaine d'indigènes affamés attirés par la nouvelle de la mort de l'éléphant. C'est avec beaucoup de peine qu'il a pu prélever la viande que nous lui avions dit d'apporter et il a dû abandonner le reste aux Arabes, qui se sont battus entre eux comme des chiens.

Nous avons bientôt la preuve de l'exactitude de son récit, car on nous apporte un homme gravement blessé au genou d'un coup de lance; il a saigné énormément et la plaie, très profonde, va jusqu'à l'os. Après avoir retiré l'emplâtre de terre et d'écorce de mimosa qu'on lui a appliqué, je lui fais un pansement antiseptique et le fais étendre sous un arbre, près du camp. Quelque temps après, un autre Arabe arrive et tombe auprès des tentes, mourant de soif; nous lui faisons donner de l'eau et un peu de nourriture et il nous raconte qu'il n'a pas bu depuis hier.

Pendant ce temps, Mabarak enlève les défenses de l'éléphant et retrouve les balles que nous lui avons tirées dans la tête. Elles sont d'ailleurs facilement reconnaissables, celles d'Albert présentant des cannelures.

D'après les renseignements que nous donnent les hommes, la première balle d'Albert avait traversé les poumons et peut-être le cœur; l'éléphant en serait sûrement mort.

Nous offrons alors une grosse prime aux indigènes s'ils nous rapportent les défenses du second éléphant, mais rien ne peut les décider à s'éloigner de nouveau autant du fleuve.

19 *mars* (2 h. 30 s., 38°; 8 h. 30 s., 21°). — Nous levons le camp à 6 heures et demie et nous nous dirigeons, sans nous presser, vers Ahmar. Chemin faisant, nous tirons des pintades et des oiseaux. Soudain, nous entendons le galop d'un cheval derrière nous : c'est Saala, qui met pied à terre et commence à parler avec volubilité. Comme il bégaie et zézaie, j'ai de la peine à le comprendre. Je saisis cependant que les indigènes, partis à la recherche de notre éléphant blessé, en ont pris un jeune et l'ont amené au bateau de Mabarak. Cette nouvelle ne nous cause qu'un médiocre plaisir; si nous rendons la liberté à la pauvre bête, elle mourra sûrement de faim et, si nous l'emmenons, ce sera une grosse complication pour notre retour.

Nous faisons ensuite un détour à travers le bois et je tire une ariel; la balle lui brise la jambe gauche de devant, traverse le corps et casse la jambe droite de derrière. Elle n'en conserve pas moins assez de force pour se sauver et je suis obligé d'envoyer Ali qui ne réussit à s'en emparer qu'après une poursuite assez longue.

Nous passons l'après-midi au camp. On fait sécher les oreilles de l'éléphant et on prépare les pieds de devant que nous voulons emporter en Europe.

Je fais creuser dans un coin du camp un grand trou, on y empile du bois et j'y mets le feu. Au bout d'une heure ou deux, le trou est plein de braise ardente; j'y dépose un des pieds de derrière de l'éléphant, après l'avoir enveloppé de terre glaise et de papier huilé. Puis on jette de nouveau du bois sur la braise et je fais entretenir le feu jusqu'au soir. Albert est aussi sceptique qu'Ahmed le cuisinier, et les chasseurs n'y comprennent rien.

Vers 5 heures, Albert attire mon attention sur deux serpents enroulés devant l'entrée de la tente. Un coup de fusil les tue tous les deux. Ce sont, nous disent les indigènes, des « Dabib », ce qui est le nom générique des serpents; ils affirment que leur piqûre est mortelle et d'un effet presque immédiat.

Pour le dîner le cuisinier nous a préparé une tranche de trompe d'éléphant, cela n'a pas mauvais goût et ressemble beaucoup à de la langue, mais le trou des narines nous dégoûte un peu.

20 *mars*. — Au moment où nous montons à cheval, un des chameliers, qui est à cent mètres du camp, crie « Dabi ». Il a vu deux lions dans la bande de hautes herbes qui nous sépare de la rivière. Cette fois, il semble qu'ils ne peuvent nous échapper. Nous courons nous placer dans un 'hor pendant qu'on incendie les herbes. Malheureusement, elles ne brûlent que très difficilement et bientôt s'éteignent.

On essaie alors une battue. Les chameliers s'arment de casseroles et de marmites empruntées au cuisinier et les frappent en cadence, puis ils se mettent en marche en chantant et en criant.

Abassi qui a pris le commandement de la battue dirige les opérations en chantant des strophes que les chameliers reprennent en chœur. Graduellement, ils s'avancent ainsi vers nous, faisant lever des bandes de pintades et de francolins.

Soudain j'entends les herbes craquer devant moi; je sens mon cœur battre un peu plus vite et je remonte ma carabine prêt à épauler : ce ne sont que deux francolins qui s'envolent à tire-d'aile en arrivant sur le bord du 'hor.

Les rabatteurs sont maintenant assez près de nous pour que nous puissions distinguer ce qu'ils chantent; en voici le leit-motiv :

« Tu ne mangeras plus de viande, ô Doud! » et le chœur reprend : « Que ton père soit maudit! » Mais les lions sont bien loin sans doute; ils ont dû se glisser entre les hommes dès le début de la battue. Par acquit de conscience, nous faisons encore quelques recherches autour du camp, mais sans résultat et nous revenons vers midi.

Ahmed, le cuisinier, armé d'une longue fourchette, pêche le pied d'éléphant au milieu du foyer qui fume encore. Il en retire une masse qui ressemble à un bloc de charbon. L'odeur en fait fuir Albert et soudain j'ai un souvenir très net des Ghats de Bénarès[1]. Ahmed ne me cache pas son impression : « Très mauvais! » me dit-il en se tenant le nez. Les chasseurs et les chameliers se tordent de rire et se moquent de mon essai de cuisine.

J'insiste cependant et, d'un coup de couteau, Ahmed fait sauter la croûte de charbon. Une graisse blanchâtre apparaît alors, qui dégage une bonne odeur, bientôt on nous en apporte sur la table deux tranches fumantes qu'Albert déclare passables; je trouve même que c'est bon, mais je ne voudrais pas en manger tous les jours.

Nous finissons de déjeuner quand on nous signale l'arrivée de Mabarak et nous allons à la rivière. Nous rencontrons en route Mohamed[2]; il nous donne de mauvaises nouvelles du petit éléphant, qui est à moitié mort. Nous le trouvons étendu sur le sable et respirant à peine; il a deux profondes blessures à la cuisse. Nous cherchons à le ranimer, à lui faire boire du lait, mais tous nos efforts sont vains, et la pauvre petite bête meurt deux heures après[3].

Nous sortons ensuite pour tirer des gazelles, mais le mauvais sort nous poursuit : nous rivalisons de maladresse; c'est moi toutefois qui remporte la palme.

21 *mars* (6 h. m., 6°; 1 h. s., 36°). — Nous levons le camp à 7 heures pour aller à Tebena. Chemin faisant, Albert tire un Dik-Dik; la balle lui crève un œil et enlève la mâchoire inférieure : il s'enfuit; je lui casse une jambe, il n'en va pas moins vite et nous perdons sa trace.

En arrivant près de l'étang de Tebena, Albert tue d'un coup de cara-

1. Où l'on brûle les cadavres des Indous.
2. Fils de Mabarak.
3. C'était un mâle mesurant à peine un mètre au garrot; il a dû mourir autant d'une insolation que de ses blessures.

bine, à 300 mètres, un énorme échassier dont je reconnais ensuite l'espèce : c'est un « Jabiru » mâle. Son bec et sa poitrine dénudée sont rouge et jaune vif et ses pattes, couleur chair, ont des ongles qui leur donnent l'aspect de mains humaines.

Pendant le déjeuner, trois ariels traversent la plaine. Albert court

UN JOLI COUP DE CARABINE

chercher sa 303 et casse la jambe de devant à une des gazelles, mais au moment de recharger, il ne peut ouvrir sa carabine et force lui est de revenir au camp. Je reprends la poursuite, mais les chameliers, très excités par cette chasse, me gênent beaucoup par leurs cris. Toutefois, en suivant la trace, j'arrive dans un épais fourré de nabbaks, je ne suis pas à plus de dix mètres de l'ariel blessée ; il m'est néanmoins impossible de la découvrir ; elle m'évente et je l'entends bondir dans les herbes.

Je retourne alors près du gros arbre où nous déjeunons ; Moulin et Albert s'efforcent d'ouvrir la 303 ; ils y parviennent enfin ; ce n'est qu'un grain de poudre qui empêchait le fonctionnement du « top lever ». Nous examinons longuement la carabine dont Albert est maintenant très satisfait ; il sait qu'il faut tirer très bas pour obtenir un bon résultat. Malgré tout, je n'en suis pas partisan ; ce n'est pas une arme sur laquelle on peut compter ; les balles traversent un animal sans l'arrêter. Albert a épuisé son stock de « hollow »[1] et ne se sert maintenant que des « solid »[2], dont il lime l'extrémité.

A trois heures, nous allons à l'étang pour tirer des canards. Nous suivons d'abord chacun une rive, mais bientôt, l'ardeur de la chasse nous entraînant, nous entrons dans l'eau jusqu'à la ceinture. Je tire une bande de ouils-ouils[3] et j'en abats quatre. Ali, qui trouve un charme particulier à ce sport où l'on ne court pas de danger, en ramasse deux ; mais les deux autres qui ne sont que blessés disparaissent dans les herbes et les touffes de lotus bleus en fleur.

Sur ces entrefaites survient Fadl-el-Moulah, le berger, qui possède les fameux chiens dressés à la chasse du lion. « Le dabi » venant, nous dit-il, boire tous les jours à cette heure-ci, il nous conseille d'aller nous poster près de la rivière.

Lentement et à regret nous abandonnons notre chasse qui commençait si bien et nous suivons « Don de Dieu très puissant »[4]. Mais la soirée se passe et nous ne voyons rien. Nos vêtements trempés sèchent sur nous. En revenant nous trouvons les restes d'une gazelle qu'un lion a mangée. Peut-être est-ce l'ariel d'Albert.

Avant dîner nous réglons nos comptes avec Mabarak dont nous allons nous séparer, car nous n'avons plus besoin de lui. Comme d'habitude, notre vieux « Water-Melon » est charmant, il nous fait un long discours dans lequel il nous affirme que l'argent n'a pour lui de valeur, que parce qu'il vient de nous.

Deux mois déjà sont presque passés, ajoute-t-il, depuis le jour où il a eu le bonheur de nous rencontrer ; ces mois lui ont paru trop courts. Ce n'est pas adieu qu'il veut nous dire, mais au revoir.

1. Creuses. — 2. Pleines.
3. Sorte de canards bruns.
4. Traduction littérale de Fadl-el-Moulah.

Un peu émus de ces paroles qui ont l'accent de la sincérité, nous distribuons encore des bakchichs aux fils de Mabarak et au loustic qui leur sert de matelot.

22 *mars* (6 h. m., 8°; 1 h. s. 38°,5; 1 h. 30 s., 40°; 2 h. s., 42°). — Fadl-el-Moulah vient à 5 heures et demie avec ses chiens et nous partons à la recherche d'une piste de lions, mais cette fois encore sans succès. Au bout de trois heures cependant, désirant essayer ma carabine dont j'ai changé la mire qui était faussée, je tire une ariel. La balle frappe juste à l'endroit où je visais et la gazelle tombe raide morte. C'est un vieux mâle, avec de belles cornes. Je laisse Soléman et Adam pour la dépouiller et nous continuons d'avancer dans une vallée presque dépourvue d'arbres.

Soudain, les chiens partent à toute vitesse et nous voyons débucher un animal de la couleur et de la taille d'Enait. Albert monte le Gnou et moi Piperlin; nous partons au grand galop, mais je suis vite distancé. Je crie à Albert de se hâter, car les chiens vont prendre le lionceau. Le Gnou bondit sous l'éperon et arrive au milieu de la meute; Albert saute à terre, mais, à ma grande surprise, n'essaye pas d'arracher l'animal aux meutes. Je vois bientôt pourquoi : ce n'était pas un lionceau, mais un gros chat sauvage que nous chassions; il est tellement déchiré par les chiens qu'il est impossible d'en garder la peau.

Pendant ce temps, nos hommes nous ont rejoints, et nous décidons de retourner vers le camp, tout en profitant des occasions qui pourront se présenter.

Bientôt après, nous voyons un troupeau d'ariels. Albert met pied à terre et tire plusieurs fois sans succès; enfin, une balle visée à l'épaule atteint un beau mâle en pleine tête. Cela nous permet de constater une fois de plus combien la 303 relève.

Ali et Soléman restent en arrière pour dépouiller la gazelle et nous reprenons notre chemin. Il commence à faire très chaud; les chiens courent se coucher à l'ombre des arbres, puis, lorsque nous les avons dépassés de quelque cent mètres, s'élancent à toute vitesse pour chercher un nouveau refuge contre l'ardeur du soleil.

Un troupeau d'ariels traverse la vallée devant nous. Nous mettons pied à terre et Albert cherche à s'en approcher; je le suis à cinquante mètres. Il est convenu que je lui indiquerai où vont ses balles, afin qu'il puisse rectifier son tir. Ses deux premiers coups manquent le but. Il recharge et presse, selon son habitude, sur la détente de gauche. « Trop haut.... » Il vise encore.... Soudain, j'entends une forte détonation, la carabine vole en éclats; le canon droit tombe près de moi, tandis que le gauche est projeté en avant et que la bande s'élève à cinq mètres en l'air....

Albert jette la crosse qu'il tenait encore et se couvre la figure des deux mains. Je me précipite vers lui; Dieu soit loué! il n'a rien. La joie que je ressens me rend fou : je ris, je pleure, tout en lui tâtant les mains et la tête. Adam accourt en ce moment; lorsqu'un peu de calme m'est revenu, nous examinons Albert. Il n'a pas une égratignure; il est seulement très sourd de l'oreille gauche. Nous ramassons alors les débris de la carabine et nous remontons à cheval.

Je cherche à tirer un dik-dik, mais ma main tremble tellement que cela m'est impossible. Toutefois, mon émotion se calme et je tue une ariel avant de rentrer.

La surdité d'Albert a déjà complètement disparu. Il s'en est tiré à bon compte. Ce sont là, néanmoins, des instants que l'on n'aimerait pas à revivre.

Après avoir déjeuné, nous allons à l'étang; nous en rapportons des canards, des hérons et une belle oie armée; Albert cherche à tirer un magnifique spécimen de héron Goliath, mais ne réussit qu'à se mouiller jusqu'aux aisselles. En rentrant, il tue des poules d'eau brunes, à doigts très longs et très minces[1].

Vers 9 heures du soir, je suis en train de terminer un dessin et Albert fume sa pipe, quand Abassi montre sa tête à la porte de la tente : « Nimmur »[2], nous dit-il. Notre premier mouvement est de courir chercher nos carabines, mais le brave Moka[3] nous explique que c'est une panthère morte que l'on nous apporte. Des chasseurs indi-

1. Jacana.
2. Panthère.
3. Surnom d'Abassi.

gènes, qui la guettaient depuis plusieurs jours, l'ont tuée au moment où elle venait boire. Nous avons manqué une occasion de chasse amusante, mais il est trop tard pour récriminer ; nous offrons aux Arabes quatre réaux[1] pour la peau, et, après force marchandage, ils nous la laissent à ce prix, mais à condition d'emporter la chair. Comme nous n'avons pas envie d'y goûter, nous la leur abandonnons bien volontiers.

ÉCLATEMENT DE LA 303

Nous examinons alors la panthère ; c'est une grande femelle ; je la fais dépouiller par Ali et par Adam et nous allons nous coucher.

23 *mars* (1 h. s., 42°). — Bachit, qui a été hier à Rouméla pour y chercher des œufs et du lait, vient nous dire qu'un lion dévaste les troupeaux de ce village et que le cheik nous demande d'y venir. Il y a aussi, paraît-il, un hippopotame féroce qui renverse les barques passant dans son voisinage.

1. Le réal kébir vaut 20 piastres tarif.

Nous partons aussitôt. Comme nous arrivons à Rékéba, Ali me demande de nous arrêter un instant, car c'est ici son village. Ceci me surprend beaucoup, car il m'avait dit qu'il demeurait au nord de Karkodj et j'en profite pour le questionner à ce sujet. Il m'explique alors que lui, Adam et Soléman ont chacun deux femmes; la plus âgée, dit-il, reste dans un beled[1] avec les enfants et les vieillards, et la plus jeune accompagne son mari dans ses déplacements; c'est une manière ingénieuse de maintenir la paix dans son ménage.

En cette saison, toute une partie de la population quitte le village et vient camper auprès des étangs sur les bords desquels les troupeaux trouvent une herbe abondante; l'évaporation réduit rapidement la nappe d'eau et il est alors facile de s'emparer du poisson apporté par l'inondation.

De même que la viande, ce poisson est découpé en lanières et séché au soleil. Pilé et mélangé au dourа, il formera le fond de la nourriture jusqu'à la saison prochaine.

Pendant que les chasseurs nous donnent ces explications, nous apercevons une jeune femme qu'Ali appelle à grands cris; c'est sa sœur qui a épousé Soléman. Elle vient lentement, portant sur sa tête un pot rempli d'eau. Pendant que les hommes boivent, elle cherche vainement à se cacher la figure avec le morceau d'étoffe grisâtre qui lui sert de vêtement, voyant qu'en se couvrant la tête elle risque de se découvrir le reste du corps, elle y renonce bientôt.

C'est le plus joli type que nous ayons rencontré jusqu'ici; sa figure n'est pas laide; elle a de jolies dents et de grands yeux expressifs; ses mains sont petites et les bras et les jambes sont bien faits. Ali, qui est le caissier des chasseurs, fouille longuement dans sa sacoche, en retire un étui et de l'étui un talari[2]. Puis il le remet à sa sœur qui a l'air stupéfaite de la somptuosité du cadeau.

Nous repartons et, un peu plus loin, je tue, à cent mètres, un dik-dik; nous en chargeons l'âne d'un des mangeurs de viande[3] pour ne pas

1. Pays, village. — 2. Nom arabe de la pièce de 20 piastres.
3. Surnom donné à une quinzaine d'Arabes qui suivaient le camp et vivaient aux dépens des chasseurs.

nous embarrasser, mais ils n'en rapportent que la moitié, ayant dévoré le reste en route.

En arrivant au village, le cheik vient nous souhaiter la bienvenue; mais, hélas! le grand lion, qui n'a peur de rien, s'est transformé en deux lionceaux, qui ont peur de tout, et l'hippopotame est la meilleure bête de la terre, capable de tous les dévouements. Nous envoyons nos hommes reconnaître les mucheras et nous restons au camp.

Un vent de rébellion souffle sur les chameliers. L'un d'eux, Abdallah, vient se plaindre à nous; le cheik Ibrahim, aidé de son fils Ahmed et de Bachit, l'a battu, nous dit-il; mais je le renvoie aussitôt en lui conseillant de ne jamais venir se plaindre à moi, s'il ne tient pas à faire connaissance avec mes souliers à clous. Albert, qui a d'abord pris le parti d'Abdallah, se range ensuite à mon avis, car il est indispensable de ne pas diminuer l'autorité du chef des chameliers.

24 *mars* (2 h. s., 42°; 9 h. s., 22°). — Le soleil n'est pas encore levé que nous sommes déjà à la recherche de pistes de lions; nous en trouvons deux : celles d'un lionceau à peine plus grand que Bachmat et d'un autre un peu plus jeune.

En ligne avec les chasseurs, nous battons longuement les hautes herbes sans résultat. Nous quittons alors les bords de la rivière pour nous enfoncer dans la forêt. Albert tire une gazelle avec sa 577; c'est un peu comme si on tirait des cailles avec une canardière. Sa balle broie les deux épaules de la pauvre bête, qui se sauve cependant et dont je ne réussis à m'emparer, avec l'aide d'Ali, qu'après un galop de cinq minutes.

Albert tue encore une gazelle et une belle ariel; il tire bien mieux qu'avec sa 303; je suis, en revanche, beaucoup moins brillant; en désespoir de cause, j'envoie une balle à deux cent cinquante mètres dans un troupeau d'ariels qui file devant moi; j'entends la balle frapper et je vois une gazelle se détacher du groupe. Bientôt, elle s'arrête et se couche; mais, au moment où je m'approche, elle se relève et m'offre une belle cible à soixante pas; ma balle — je l'ai vu plus tard — a traversé le corps dans toute sa longueur. Je cherche une autre cartouche pour l'achever, je n'en ai plus; Ali est resté avec les chevaux; je suis seul dans une grande plaine. Déposant ma carabine, je prends mon couteau de chasse et je m'élance à la poursuite de l'animal. Pendant plus de 300 mètres, je cours de toutes mes forces, la gazelle faisant des crochets devant moi; enfin, je l'atteins et lui coupe le jarret. Sur ces entrefaites, Adam arrive et me prend le couteau pour lui couper la gorge. Enfin, Albert me rejoint à son tour, et nous nous asseyons à l'ombre d'un arbre pendant que les hommes chargent la gazelle sur un cheval.

La chaleur est très forte et nous nous décidons à rentrer au camp.

RÉSULTAT D'UNE MATINÉE DE CHASSE

Soudain, Soléman qui marche en tête siffle doucement; deux ariels mâles se battent avec tant de rage qu'ils ne nous ont pas vus venir. Nous mettons pied à terre et nous tirons ensemble chacun une gazelle. La balle d'Albert touche son but et traverse les poumons, mais la mienne est trop basse. L'ariel fait un bond énorme en l'air, retombe, puis s'enfuit en laissant des traces de sang. Adam m'amène le Gnou et nous partons au grand galop à sa poursuite. La gazelle a pris beaucoup d'avance; nous suivons la piste qui se dirige vers la rivière en passant près du camp. Comme j'ai laissé ma carabine auprès d'Albert, je songe qu'il me faudra peut-être achever l'animal blessé, et je vais jusqu'à notre tente chercher un fusil de chasse et quelques cartouches de gros plomb.

Ali Hassan m'annonce alors que les chameliers viennent de capturer à l'instant une ariel blessée et venant de la direction que je suivais. J'en conclus que c'est celle que j'ai tirée et je retourne avec Adam rejoindre Albert.

En revenant au camp, je demande à voir la gazelle prise par les chameliers, mais il est trop tard ; ils l'ont déjà dévorée tout entière.

Bachit, au nom de ses camarades, nous fait de plates excuses ; ils ignoraient, nous affirme-t-il, que ce fût une gazelle blessée par nous.

LE LIONCEAU JOUE COMME UN JEUNE CHAT

Rien ne pouvait d'ailleurs le leur faire supposer, car elle ne saignait pas et était entortillée dans les mailles d'un filet.

Afin de vérifier l'exactitude de son dire, nous allons reprendre la piste où nous l'avons laissée ; bientôt Adam relève des rougeurs et nous les suivons dans les herbes qui bordent la rivière ; tout à coup un cri joyeux m'apprend qu'il a trouvé mon ariel morte. Nous la laissons sur place pour servir d'appât, dans le cas où les lions viendraient de ce côté.

C'est aujourd'hui qu'expire le contrat passé entre Ali Hassan et Ibrahim. Notre drogman insiste pour que le règlement soit fait en notre présence; j'y consens, et je rédige un nouveau contrat en double que les deux parties signent, l'un d'un cachet, l'autre d'une croix.

A quatre heures, Soléman nous conduit le long de la rivière à un endroit où les lions viennent boire. La berge étant très escarpée, je propose de laisser les chevaux en arrière et d'aller à pied; mais les chasseurs s'y refusent énergiquement et nous nous engageons sur le flanc de la côte abrupte; l'adresse des chevaux est merveilleuse. Nous arrivons enfin à la muchera: je répète à Ali d'emmener les chevaux à une bonne distance en arrière et nous allons nous poster.

A six heures et demie, nous voyons un lionceau qui s'approche de l'eau, suivi par une grande lionne; ils ne soupçonnent pas notre présence; le lionceau joue comme un jeune chat; nous attendons, pour tirer, le moment où ils vont boire, car ils se montreront bien de profil. A ce moment, un des chevaux, qu'Ali s'est obstiné à ne pas vouloir emmener assez loin, s'ébroue; en un clin d'œil, les lions se sont enfuis.

Nous rentrons au camp; nos hommes sont tout penauds; nous reviendrons demain soir.

25 *mars* (4 h. m., 30°; 2 h. s., 41°; 9 h. s., 19°). — Nous étions à peine couchés hier soir, quand le vent, sautant brusquement au Sud, s'est mis à souffler avec violence; les toiles des tentes claquaient, et la chaleur était si étouffante qu'il était impossible de dormir. Au lever du soleil, je profite de la fraîcheur relative pour sommeiller deux heures, pendant qu'Albert va voir si les lions ont mangé la gazelle laissée comme appât. Elle n'a pas été touchée.

A quatre heures, nous retournons à la muchera où nous avons vu les lions, mais un bateau, qui descend la rivière, s'ensable juste en face, et nous rentrons au camp.

26 *mars* (6 h. m., 11°; 1 h. s., 40°,5; 3 h. s., 43°). — La température, délicieusement fraîche, nous a permis de dormir cette nuit; mais, moitié fatigue, moitié paresse, je reste au camp. Albert rentre à

9 heures, il a tué une ariel et un dik-dik avec deux cartouches ; il se sert vraiment bien de sa 577, qui est une bonne arme.

Nous faisons nos préparatifs de départ, car nous allons demain à Karkodj. A quatre heures et demie, nous retournons à l'affût des lions, mais nous jouons de malheur. Un officier anglais, qui descend la rivière en bateau, s'amuse à tirer de malheureux pélicans sur l'autre rive. Nous rentrons dégoûtés à six heures et demie. Il était écrit que nous ne tuerions pas de lions !

27 *mars* (11 h. s., 39°). — Pendant que la caravane se met en route, nous faisons un tour dans le bois. Je tue une ariel que l'on charge sur un chameau et nous suivons le sentier qui mène à Serou, village situé en face de Karkodj.

A neuf heures, nous rencontrons un officier anglais, chargé du service télégraphique, et il nous demande où il pourra trouver du gibier. Nous lui conseillons de passer quelque temps à Tebena et nous le quittons en lui souhaitant bonne chance.

RETOUR A LA VIE DU PETIT CROCODILE

Un peu avant d'arriver à Serou, je tire du haut de la berge un petit crocodile, qui reste sur place, sans faire un mouvement. Ali court s'en emparer et le traîne jusqu'à l'endroit où nous nous trouvons. Nous avons oublié nos gourdes. Des jeunes filles, qui nous apportent de l'eau, sont les bienvenues. Cette scène biblique est soudain interrompue par la résurrection du crocodile qui se précipite sur Soléman, qui vient de descendre de cheval. Il y a d'abord une débandade générale; mais Ali s'empare du crocodile et l'attache solidement derrière sa selle.

En arrivant à Serou, un homme, assis au bord du chemin, se lève et vient à notre rencontre; c'est Mabarak. Il nous raconte qu'ayant appris notre arrivée il est resté un jour ici pour nous saluer au passage; il repart pour Kaboch, son village. C'est là que se trouve le « mangeur d'hommes », ce lion qui, terrorisant le pays, a forcé les habitants à transporter leurs huttes sur l'autre rive. Il nous propose de nous aider à le chercher et nous lui donnons rendez-vous à Kaboch.

Près de Serou, où nous nous arrêtons pour déjeuner, nous recevons la visite du mamour de Karkodj qui nous offre un lionceau; c'est un cadeau bien difficile à refuser. Nous l'invitons à dîner à Hellet Tewfik, où nous campons à 5 heures.

Ce village, tout neuf, est une colonie militaire où les soldats libérés obtiennent des concessions de terrain qu'ils doivent cultiver. Hellet Tewfik est devenu ainsi un gros bourg habité par des Dinkas fétichistes.

Pendant que je prépare une dépêche pour la France, je vois passer une procession bizarre. Un homme, qui tape sur un tambourin, marche en avant; puis vient un mouton noir tout carbonné, au-dessus de la tête duquel une femme balance un grand chasse-mouches. Elle est suivie d'un homme portant un étendard blanc avec le croissant et l'étoile rouges et enfin d'une foule de femmes qui crient et qui chantent. Il s'agit, paraît-il, d'exorciser une femme. Les Arabes s'en moquent : « Regardez, disent-ils, les mangeurs de viande humaine! »

Le mamour que nous avons invité vient dîner avec nous et fait honneur au repas somptueux préparé par Ahmed; toutefois les asperges conservées, sauce mousseline, l'embarrassent beaucoup : il les mange par le gros bout et n'a pas l'air de trouver cela bien fameux.

PROCESSION DE DINKAS

Le pauvre garçon qui est depuis quatre ans ici n'a revu sa femme, restée au Caire, qu'une fois durant cette période; il a été nommé mamour huit jours après son mariage!

Notre conversation est limitée, car il parle peu anglais. Il se retire à 10 heures.

La lionne qu'il nous a donnée semble féroce et sa cage fort peu solide. Il nous a priés de l'appeler « Fahmi » en souvenir de lui.

Après son départ, nous réglons nos comptes avec nos chasseurs. Leur dernière semaine payée, nous y ajoutons un bakchich qu'ils reçoivent d'ailleurs sans manifestation de joie ou de déception. Ils nous souhaitent bon voyage et semblent surtout satisfaits du certificat que nous leur donnons.

28 *mars* (6 h. m., 21°; 1 h. 30 s., 39°). — La nuit a été très mauvaise; la chaleur affreuse. Les cris des Dinkas qui continuent à exorciser à coups de tam-tam et le braiement des ânes nous ont tenus éveillés presque jusqu'à minuit. Puis la lionne est sortie de sa cage; heureusement, comme elle est attachée par une forte chaîne, nous avons pu la

faire rentrer dans sa caisse, en esquivant les coups de patte qu'elle nous lance.

On cloue quelques barreaux supplémentaires et nous rentrons nous coucher; mais, vingt minutes plus tard, la même scène recommence. André et Moulin viennent nous prêter main forte; ce doit être un spectacle comique, car nous sommes en chemise de nuit ou en pyjamas. La lionne maintenant est furieuse, et nous sommes obligés de prendre une corde avec un nœud coulant pour la réintégrer dans sa cage. Sept fois pendant la nuit la même scène se renouvelle.

LE CHEIK DE SONTAI

Nous levons le camp à 6 heures et demie et nous partons en tête, précédés d'un guide qui ne connaît pas le chemin; heureusement, nous nous souvenons de la route suivie à l'aller et c'est nous qui le conduisons d'abord au village de Tabagi.

Saala, prévenu de notre arrivée, nous attend; il se jette à genoux, puis embrasse nos mains et nos pieds. Il jure que nous sommes très grands et lui très petit, nous conjure de lui pardonner et fait mille vœux pour notre bon voyage. Albert, attendri, lui donne un petit miroir qu'il retrouve dans le fond d'une poche. Saala se confond en remerciements et nous continuons notre route.

Nous passons ensuite à Ambaga et nous nous arrêtons à Sontai pour la halte de midi. Le cheik du village nous fait le plus aimable accueil; on nettoie une grande case, on nous apporte des angarips, de l'eau sucrée, du sucre et des œufs et le cheik insiste pour que nous acceptions un beau mouton noir, que nous refusons naturellement. Pendant tout notre voyage, nous avons pris pour règle de ne rien accepter des indigènes que contre paiement.

A 3 heures comme nous faisons resseller les chevaux, on m'amène un esclave[1], dont les lèvres sont couvertes d'abcès contenant des vers. Le cheik me dit que cela provient de ce qu'il a mangé de la viande crue.

Je prépare quelques remèdes et j'explique au nègre la manière de s'en servir, en lui recommandant de ne pas les avaler, mais de se contenter d'en couvrir les parties malades. Mais il me déclare que les remèdes ne feront du bien que s'il les mange et de guerre lasse, je ne lui laisse que de l'eau boriquée.

Nous allons camper à Es-Sidera où nous retrouvons le cheik de ce village qui nous fait raconter nos chasses et tous les détails de notre voyage.

29 *mars* (5 h. 30 m., 26°; 12 h. 30 s., 40°). — L'étape d'aujourd'hui a été longue. Nous arrivons tard à Kaboch. Je suis très fatigué et la perspective de la traversée des champs de doura ne me sourit guère.

30 *mars*. — Je suis immobilisé dans mon lit par une crise de dysenterie. Albert est parti avec Mabarak, Ahmed et un indigène à la recherche du « fameux mangeur d'hommes » ; il n'a vu que les traces d'une énorme panthère.

Moulin et André ont passé leur journée à fabriquer une cage solide pour Fahmi, qui est, je crois, le seul lion méchant du pays. Cette bête est insensible aux bons traitements. Bachmat, M'gaba et Ensit sont au contraire de plus en plus gentils.

Comme je ne suis pas en état de faire la route à cheval, je m'arrange avec Mabarak, pour qu'il me transporte par la rivière jusqu'à Wod Medina, en s'arrêtant aux mêmes points que la « Hamla »[2]. Je verrai alors si je puis continuer par terre jusqu'à Khartoum.

1. Bien que l'esclavage soit depuis longtemps aboli au Soudan, les enfants des anciens esclaves sont restés au service de leurs maîtres. Ils sont généralement bien traités.

2. Caravane.

Vers cinq heures du soir, un orage violent éclate et ma tente ne résiste que grâce aux efforts des chameliers qui se suspendent aux cordes; celle qui se trouve à côté de la mienne s'écroule; il pleut à torrents et la terre détrempée colle aux chaussures. Mais, grâce à l'orage, la nuit est assez fraîche.

31 *mars*. — C'est aujourd'hui Baïram[1], mais malgré les objurgations de sa femme, malgré le mouton qui rôtit en ce moment près de sa case, Mabarak a tout abandonné pour tenir la promesse qu'il m'a faite. Seuls, ses deux fils ont voulu l'accompagner.

On me soutient jusqu'à la barque et je me couche sur un matelas qu'on y a placé; on tend une couverture pour me protéger du soleil. Albert s'installe peu confortablement entre le matelas et les nervures du canot; avec son fusil de chasse, il tue un grand héron et un ibis bronzé.

Nous nous arrêtons à El Muchaika. Le vent souffle avec violence et il tonne sans interruption.

1er *avril*. — Départ à six heures; je vais un peu mieux.

Ali Hassan s'est querellé avec Ibrahim et lui a donné des coups; cela suffit pour retirer au cheik toute autorité sur ses hommes. Albert a vertement sermonné Ali Hassan, mais le mal est fait. Nous lui donnons rendez-vous à Ténékileh. Nous descendons le fleuve dans la feluque; mais comme le vent n'est pas favorable, les deux fils de Mabarak, Ahmed et Mohammed, ne peuvent cesser de ramer un seul instant. Le paysage est joli et les rives sont couvertes de singes, qui nous amusent par leurs bonds et leurs grimaces. Il y a aussi beaucoup d'oiseaux d'eau. Bien qu'étendu au fond du bateau, je tue avec ma carabine une grue couronnée et je blesse une grosse oie armée, qui n'est prise qu'après une longue poursuite.

De nombreux guêpiers rouge et bleu nichent dans des trous creusés dans les berges escarpées; c'est un ravissant spectacle lorsqu'ils s'envolent et tournoient.

1. Pâque des Mahométans.

La nuit tombe rapidement et les fils de Mabarak rament toujours. Nous arrivons à Ténékileh à huit heures et demie. A notre grande surprise, nous ne voyons pas les tentes. Les indigènes, interrogés, nous disent qu'ils ont vu passer la « Hamla » de bonne heure. Nous continuons alors jusqu'à Abou Sakra; mais là aussi, on a vu la caravane passant à l'horizon.

Comme il est onze heures et que les hommes sont exténués de fatigue, nous décidons de passer la nuit ici. Mabarak, qui connait tout le monde sur la rivière, réveille le cheik. On met des angarips dans une cabane en roseaux et nous nous y couchons. Les moustiques sont féroces et, malgré la fumée épaisse d'un feu de bois vert au milieu de la hutte, ils nous dévorent. Les « Akel-Eskout »[1] se joignent à eux et je suis forcé de m'enrouler complètement dans la couverture pour dormir un peu.

2 *avril*. — A cinq heures et demie, Albert m'apporte une tasse de thé chaud que Mabarak a préparée. On répare le gouvernail qui s'est cassé hier soir et nous repartons. Un vent favorable se met à souffler et nous hissons une voile improvisée sous l'impulsion de laquelle nous filons vite.

A neuf heures et demie, nous apercevons un homme sur la rive gauche; c'est Bachit venu à notre rencontre; puis nous voyons Ibrahim et Abassi, qui nous ont amené les chevaux, car le camp est loin de la rivière.

A dix heures, nous débarquons. Ali Hassan ne cherche même pas à s'excuser de sa bêtise. Nous faisons honneur au déjeuner, car Albert n'a rien mangé depuis la veille à midi; et moi je n'ai pris qu'un peu de tapioca; puis ayant convoqué Ibrahim et le guide, je leur demande où était fixé le rendez-vous. « A Ténékileh », répondent-ils ensemble. « Comment s'appelle ce village-ci? » — « Chokkaba ».

Nous foudroyons Ali Hassan du regard, puis je donne directement à Ibrahim et au guide le nom de l'endroit où nous camperons ce soir.

1. « Qui mange en silence »; nom arabe d'un Diptère (famille des Simulidés).

Nous retournons à cheval jusqu'au bateau et nous continuons la descente de la rivière.

Je vais beaucoup mieux et je puis apprécier la beauté du paysage; de plus, Mabarak cherche à nous distraire. Tantôt il nous raconte des histoires de chasse et de guerre, tantôt il chante d'une voix très juste de jolis airs que ses fils reprennent à l'unisson.

Nous passons à quatre heures l'embouchure de la Dinder, puis nous voyons le village d'El Briap et, après avoir franchi sans encombre une cataracte, nous nous arrêtons à Chérif-ed-Dissa.

3 *avril.* — Départ en feluqua à six heures.

Le vent souffle d'abord du sud, puis il tourne et les hommes sont obligés de ramer.

Les singes se montrent toujours en bandes nombreuses sur les berges de la rivière; c'est un véritable fléau pour le pays, car ils dévastent les récoltes. Nous en tuons quelques-uns, mais les balles de ma carabine abîmant la peau, je renonce à les tirer.

Plus loin, j'aperçois un gros lézard qui se chauffe au soleil sur un rocher. Albert le tire avec son fusil de chasse et l'animal tombe à l'eau; en un clin d'œil, Ahmed a plongé et une véritable bataille s'engage au fond de la rivière, dont les eaux sont si limpides, que nous pouvons suivre toutes les péripéties de la lutte.

Enfin Ahmed triomphe et rapporte le « ouarana »[1] qu'on dépose dans le fond du bateau, après l'avoir bâillonné et ligotté. Le fils de Mabarak a les bras tout ensanglantés par les coups de griffes du reptile.

Je lui demande si l'on mange la chair de cet animal. Cette question provoque un fou rire général; et Mabarak nous explique que, si ses fils en mangent, lui se garde bien de le faire, car il est trop vieux : « A-t-elle donc les mêmes vertus que celle du crocodile? » « Incontestablement », répond le vieil bowarti[2], et tous de rire de plus belle. Là-dessus il me raconte qu'il a vendu à Ali Hassan certaines parties du corps des croco-

1. Nom arabe de ce lézard.
2. Chasseur d'hippopotame.

diles qu'il a pris à la ligne de fond. Dûment séchées et pulvérisées, enrobées de sucre et de chocolat, ces dragées, d'un nouveau genre, feront fureur cet été dans les harems du Caire.

Nous nous approchons de Wod Medina, qu'on devine déjà à l'horizon.

DÉBARQUEMENT A CHORRABA

zon. A 6 heures un quart, j'aperçois sur la rive droite trois hyènes qui viennent boire. Je tire la plus grosse et ma balle l'atteint au défaut de l'épaule; elle fait quelques pas et tombe morte. C'est un spécimen énorme de hyène tachetée; malgré l'odeur infecte qu'elle dégage, nous la mettons dans la barque, car je voudrais en conserver la peau.

Mabarak me confirme ce que j'avais déjà entendu dire, à savoir que la hyène, loin de se nourrir uniquement de charognes, comme on le prétend généralement, ne craint pas d'enlever des chèvres et des moutons et s'attaque parfois aux vaches et aux bœufs; on cite même des cas où des hyènes ont blessé des hommes endormis.

A 8 heures nous arrivons à Wod Medina. Abassi, qui a aperçu de loin notre barque, se précipite au-devant de nous, un « fanous »[1] à la main; mais il s'empêtre dans les cordes des tentes et s'étale de tout son long; il est si comique, quand il se relève, qu'il nous est impossible de garder notre sérieux.

Après dîner, nous revêtons des costumes propres et nous allons chez le Mudir. Le major est reparti pour Omdurman et c'est le lieutenant-colonel Phipps bey qui le remplace. Nous faisons également la connaissance du capitaine Armstrong et de l'inspecteur B. Celui-ci, qui est chargé par le Gouvernement de la protection du gibier au Soudan, doit établir de nouveaux règlements pour la chasse.

Phipps bey nous invite à déjeuner pour demain et B. me demande à voir les oiseaux que nous avons préparés pour être naturalisés. Nous nous retirons à 10 heures et demie.

4 avril. — B. est exact à son rendez-vous; il me donne le nom scientifique de plusieurs oiseaux et s'extasie devant mes dessins; il n'est pas difficile. C'est d'ailleurs un drôle de type. Chargé par le Gouvernement anglais d'une mission scientifique aux Célèbes, il y est resté plusieurs années; il nous raconte qu'il y a attrapé un coup de soleil et Albert ajoute en français : « Insolation au deuxième degré, quand on n'en meurt pas, on reste généralement idiot[2] ». Il est certain que l'inspecteur est « loufoque », mais cela ne l'empêche pas d'être intéressant. Puis nous allons « breakfast » chez le Mudir.

B. a oublié de prendre de l'alun; je lui offre tout ce qui me reste, il est enchanté.

Nous faisons nos adieux à Mabarak et à ses fils, à qui nous laissons de nombreux cadeaux.

1. Lanterne.
2. Extrait d'un opuscule *l'Hygiène en Afrique*.

Puis nous allons au bazar dans l'espoir d'y trouver des bouteilles de Sparklett's et des capsules, malheureusement nos recherches sont vaines. En revenant nous rencontrons l'Inspecteur dans une boutique et comme il ne sait pas un mot d'arabe, j'arrive juste à point pour lui servir d'interprète.

Après avoir acheté des outres, que nous l'aidons à choisir, il se rappelle tout à coup avoir laissé son parasol à Londres et en achète immédiatement trois, pour être sûr de ne pas en manquer. Il fait ensuite l'acquisition d'une quantité de melons d'eau qu'il adore, nous dit-il; c'est d'ailleurs tout à fait pratique à emporter à dos de chameau. Je crois qu'il aurait dévalisé la boutique si nous ne l'avions emmené presque de force luncher chez Phipps bey. Il a toutes les peines du monde à se séparer d'un singe de quelques mois qu'un gamin voulait lui vendre.

Après le lunch. Phipps nous donne une bouteille de Sodor[1] ainsi qu'un grand nombre de capsules et de pointes de rechange, puis nous lui faisons nos adieux, nous montons à cheval et nous allons camper à Fadasi.

5 *avril* (12 h. 45 s., 36°; 2 h. s., 38°). — Les orages de ces jours derniers ont un peu rafraichi l'atmosphère; l'étape se fait rapidement et nous plantons les tentes à Abou Houchar à 5 heures et demie.

6 *avril*. — Par un hasard singulier, l'endroit où nous faisons halte pour déjeuner est un village de Fakys[2]. Il est situé presque en face de celui où Samuel Baker fut si mal reçu; mais les temps sont changés, nos prêtres musulmans font tout ce qu'ils peuvent pour nous bien installer.

Ils nous offrent une maison en terre, qui leur sert à la fois de mosquée et d'école. Dans un coin de la pièce, se trouvent les instruments qui servent à fabriquer des amulettes; ils sont fort simples : une pierre plate et de la craie. Le Faky, qui va préparer un de ces charmes, choisit une formule plus ou moins appropriée dans le Coran et l'inscrit sur la

1. Sparklett's.
2. Prêtres musulmans.

pierre; puis la poussière est recueillie, roulée en boule et cousue dans un sachet de cuir.

Après nous être reposés, nous repartons pour rejoindre le camp à Em-Mechid à 6 heures.

7 *avril*. — Nous avons pris la décision d'aller aujourd'hui d'une seule traite à Khartoum. Aussi sommes-nous à cheval à 4 heures et demie; je monte le Gnou et Albert, Piperlin. Abassi nous suit sur un dromadaire conduisant à la longe le cheval gris.

Je constate avec satisfaction que mon poney fait exactement 10 kilomètres à l'heure au pas. Albert laisse le sien marcher à son allure, puis lorsque j'ai pris une avance de 4 ou 5 kilomètres, il me rejoint au galop. A 8 heures et demie, nous avons fait 40 kilomètres; si je puis maintenir cette allure nous arriverons pour déjeuner.

Albert change de cheval et je fais un kilomètre à pied pour me reposer. La chaleur commence à être très pénible; nous avons les yeux brûlés par le soleil, et le mirage qui nous environne nous empêche de nous rendre compte du chemin parcouru. Enfin, Abassi pousse un cri de joie, il vient d'apercevoir le palais du Sirdar, qui émerge à l'horizon. Nous pressons encore l'allure et, à midi et demi, nous sommes dans le jardin de l'hôtel. Nous avons fait 83 kilomètres en 8 heures.

On nous apporte de la bière fraîche et presque coup sur coup nous en avalons chacun deux bouteilles. Nous en buvons deux autres pendant le déjeuner. André et Moulin arrivent à 1 h. 1/2. Ils déclarent que la route n'est pas fatigante, et qu'ils ne se sont jamais sentis si dispos.... Ils n'en sont pas moins pris tous les deux d'hémorragies.

Quant à moi, la bière me rend affreusement malade et je passe l'après-midi à dormir d'un sommeil de plomb. Le vent qui souffle du Nord fait rage toute la nuit.

8 *avril*. — Ce matin encore la tempête continue. La poussière pénètre partout et il est impossible de sortir; nous passons la journée à lire des journaux vieux de trois mois.

9 *avril.* — La tourmente continue pendant toute la nuit et les « akel eskout » ne nous laissent pas un moment de répit.

Après midi, le temps devient plus calme, nous en profitons pour aller à Omdurman, où nous voyons le colonel Jackson qui nous invite à luncher demain.

Nous vendons pour six livres le vieux cheval bai à un boulanger.

10 *avril.* — Nous retrouvons, chez le colonel Jackson, le colonel Banbury, Matthews, H. et le prince Henri Lichtenstein, qui revient d'un voyage au nord du Darfour.

Il a fait une expédition très intéressante, mais n'a que très peu chassé.

Le captain M., qui est chargé de percevoir le montant des primes à payer pour les gros animaux tués, nous explique qu'il est interdit d'emporter du Soudan autrement que dans des boîtes doublées de fer blanc les dépouilles et les peaux. Ceci ne concerne que celles des ruminants, à cause de l'épizootie. « Alors on peut emporter des peaux d'hippopotames? » « Oh! non, l'hippopotame est un ruminant, il mange de l'herbe ». « Le cheval aussi sans doute? ». « Certainement! » Voilà qui bouleverse nos notions d'histoire naturelle.

Ce n'est pas sans quelque peine que nous obtenons un laisser-passer pour les lions et la guenon qui nous reste, car on nous a volé l'autre sur la terrasse de l'hôtel ainsi qu'un revolver que j'y avais laissé quelques minutes.

11 *avril.* — A Omdurman, nous chargeons Angelo Cappato de faire fabriquer des cannes et des courbaches avec des lanières de peau d'hippopotame; nous lui achetons quelques conserves pour la route jusqu'à Wadi Halfa, puis nous allons déjeuner chez cet excellent Banbury. Nous y retrouvons le major Pedley et un gros officier, qui nous invite à dîner demain à Khartoum.

Nous faisons un tour au bazar et nous rentrons à 6 heures.

12 *avril.* — M. Davidson, de la Banque d'Égypte, nous amène un

amateur pour nos chevaux; il nous achète le Gnou pour dix livres. J'espère qu'il sera bien traité, c'était un brave petit cheval.

La journée se passe à finir les emballages et nous allons dîner près du Gordon College, au mess d'une compagnie d'infanterie anglaise, qui sert de garde du corps au Sirdar. Tous les officiers sont très aimables et la soirée se passe gaîment.

13 *avril*. — Le blanchisseur de l'hôtel nous achète le poney blanc pour quatre livres.

Puis nous traversons la rivière dans leur canot automobile pour aller à Halfaia. Nous faisons nos adieux au Suisse qui dirige l'hôtel et nous montons dans le train après avoir installé nos bagages dans un truc placé sous la surveillance d'Abassi.

Sur le quai nous rencontrons Sir William Garstin, J. Baird, le captain Lyons qui reviennent de Lado, et le prince Lichtenstein.

Celui-ci a dans son compartiment deux petits guépards très drôles et qui jouent tout le temps.

Nous sommes invités par Garstin à venir dîner avec lui, c'est un très aimable homme; son voyage a eu pour but la visite de la tranchée du Sudd et de la rivière depuis Lado. Les Anglais possèdent, maintenant, toute la ligne du Caire au Cap, sauf dans les républiques d'Orange et du Transvaal.

14 *avril*. — Nous arrivons à Wadi Halfa à 3 heures, ce qui constitue presque un record sur le parcours du chemin de fer soudanais. Nous dînons au mess où nous a invités le lieutenant James; et où nous trouvons, parmi les officiers, l'aimable lieutenant Hore Ruthwen (lisez Hor Riven).

Nous allons coucher à bord de la canonnière qui doit nous transporter à Shellal.

15 *avril*. — La descente du fleuve se passe sans encombre; d'interminables parties de whist s'organisent dans le salon; le captain P.,

qui part en permission, est un des plus enragés, mais n'en joue pas moins très mal.

Pendant le dîner, un choc violent vient troubler la fête. Albert s'écroule après avoir vidé son verre dans ma manche et Lichtenstein disparaît sous Garstin et Baird; nous venons de heurter un banc de sable. Le bateau n'a heureusement reçu aucune avarie grave.

Nous nous arrêtons à Korusko pour y passer la nuit.

16 *avril.* — Nous continuons à descendre avec précaution, car il n'y a pas beaucoup d'eau.

Vers trois heures et demie, nous apercevons un petit nuage jaune à l'Ouest; en un clin d'œil, il augmente, prend une teinte sombre. Plus de doute, c'est le Khamsin; on tourne à la hâte le bateau vers le bord, mais à peine y sommes-nous arrivés, que la tempête se déchaîne; l'obscurité est complète; le sable pénètre partout, sur la table du salon où j'écris il y en a une couche épaisse et cependant persiennes et fenêtres sont fermées.

On a porté les ancres à terre, mais elles glissent, malgré les efforts de l'équipage; tous les passagers débarquent et cherchent à retenir le bateau et les pontons dont il est flanqué. Enfin, le vent diminue, les ancres sont enfin solides et nous pouvons remonter à bord. Sir William Garstin me dit que c'est la plus forte tempête de sable qu'il ait jamais vue depuis qu'il est en Égypte.

17 *avril.* — Nous arrivons à 10 heures du matin à Shellal et à midi au Cataract Hôtel, qu'on a ouvert pour Garstin. Après déjeuner, nous nous occupons des lions que l'on a attachés dans une cour; après ces longues journées de réclusion, ils peuvent enfin jouer à leur aise. Fahmi est toujours aussi désagréable et ne se laisse approcher que par Abassi, que nous emmenons au Caire pour soigner la ménagerie.

En revenant à l'hôtel, on nous annonce que la voie entre Assouan et Luxor est coupée; le cuisinier envoyé par Pagnon, le directeur de l'hôtel, n'a pu arriver; Lichtenstein offre le sien et le dîner nous paraît excellent.

18 *avril.* — La voie est, paraît-il, rétablie; nous partons à 8 heures et demie, mais à Siwa le train s'arrête et il est impossible de continuer; un éboulement s'est produit sur un point de la voie et, sur plusieurs autres, il n'y a plus de ballast. Après quatre heures d'attente, une dépêche arrive, nous annonçant que nous pouvons repartir.

Heureusement, nous avons emporté des provisions; car en face d'Edfou, nouvel arrêt; un orage, qui a éclaté dans la montagne, a déversé une énorme quantité d'eau sur la plaine et, comme il n'y a qu'un pont tout à fait insuffisant, il s'est produit une excavation profonde, qui en compromet la solidité.

Le train amenant Lord Cromer, qui va inaugurer le barrage de Shellal, nous permet de transborder, mais nous repartons à 6 heures avec une locomotive au milieu du train et une autre en queue. Probablement parce qu'ils ne voient rien, les mécaniciens forcent l'allure et nous arrivons à 9 heures et demie à Luxor, où un excellent dîner nous attend.

19 *avril.* — Nous passons la journée à l'hôtel, puis nous nous embarquons le soir dans le train de luxe.

20 *avril.* — A 7 heures du matin, nous entrons en gare. Izzet Pacha est venu nous attendre et nous emmène de vive force chez lui : nous sommes logés dans des appartements magnifiques, où se trouvent réunis le luxe de l'Orient et le confort moderne.

Huit jours plus tard, nous nous embarquons à Alexandrie, sur un bateau du Lloyd autrichien avec Lichtenstein que nous quittons à Brindisi, et, le 2 mai, nous arrivons à Paris.

Quatre mois, à peine, se sont écoulés depuis notre départ; notre vie pendant ce temps a été si différente de celle de France, qu'il nous faut plusieurs jours pour reprendre nos habitudes. Mais bientôt l'engrenage nous ressaisit et il ne nous reste que le souvenir d'un voyage charmant et la nostalgie du pays du soleil.

Quelques jours après notre arrivée à Paris, nous partageâmes les objets et les animaux que nous en avions rapportés.

Pour sa part, Albert eut Bachmat et M'gaba; Ensit et Fahmi devinrent ma propriété, mais, comme Ensit souffrait d'être séparée des autres lionceaux je la rendis à Albert.

Enfin, je donnai Fahmi, dont le caractère ne s'est pas amendé, à M. Morot, qui l'a encore.

Albert, après avoir gardé ses lionceaux pendant plus d'un an à la campagne, les donna au Jardin des Plantes. Habituées aux bons traitements, les pauvres bêtes ne purent se faire à leur nouvelle vie et elles y moururent au bout de quelques mois.

J'ai toujours, à la campagne, la guenon que j'ai rapportée, et les trois hivers qu'elle a déjà passés en France n'ont nullement influé sur sa santé.

55054. — Imprimerie Lahure, rue de Fleurus, 9, à Paris.

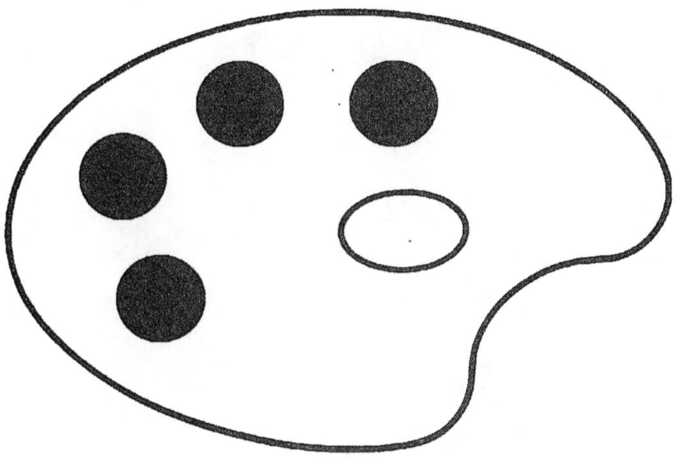

Original en couleur
NF Z 43-120-8

www.ingramcontent.com/pod-product-compliance
Lightning Source LLC
LaVergne TN
LVHW020412230826
846091LV00004B/1258
* 9 7 8 2 0 1 3 6 6 8 8 4 2 *